ELOGIOS PARA *Automaticamente*

"*Automaticamente Milionário* é um vencedor automático. David Bach realmente se preocupa com você: em cada página ele o incentiva a alcançar o bem-estar financeiro. Não importa quem você é ou qual é a sua renda, você realmente se beneficiará de seu programa de fácil realização. Faça-o agora. Você e seus entes queridos merecem ficar ricos!"

— Ken Blanchard, coautor de
O Gerente Minuto

"*Automaticamente Milionário* lhe mostra, passo a passo, tudo o que precisa fazer para garantir seu futuro financeiro. Ao seguir os conselhos de David Bach, fracassar não é uma opção."

— Jean Chatzky, Editora Financeira de *Today*, da NBC

"Os convincentes conselhos financeiros de David Bach são ótimos devido à sua simplicidade. Se para você é importante tornar-se autossuficiente, precisa ler este livro."

— Bill O'Reilly, âncora, Fox News, e autor de
The O'Reilly Factor e *The No Spin Zone*

"Finalmente, um livro que o ajuda a parar de se preocupar com dinheiro! *Automaticamente Milionário* é uma leitura fácil e rápida que o faz agir. David Bach é o consultor financeiro em quem se pode confiar ano após ano para motivá-lo financeiramente."

— Richard Carlson, autor de
Não Faça Tempestade em Copo D'água

"*Automaticamente Milionário* prova que não é preciso ter muito dinheiro ou elaborar um plano complicado para começar — você pode literalmente dar a partida em seus sonhos financeiros agora, em questão de horas, com apenas um segredo transformador: pague a si mesmo primeiro de modo automático! Igualmente importante, este livro lhe mostra como simplificar e automatizar toda a sua vida financeira."

— Harry S. Dent, Jr., estrategista de investimentos
e autor de *The Roaring 2000s*

"*Automaticamente Milionário* é, em poucas palavras… um pequeno grande livro! Você o lê em algumas horas e parte para a ação imediatamente com um plano simples, poderoso e totalmente AUTOMÁTICO para se tornar um milionário."

— Robert G. Allen, coautor de
O Milionário em um Minuto

"David Bach torna compreender as suas finanças algo fácil, divertido e empolgante. *Automaticamente Milionário* é um guia prático e inteligente para dominar sua relação com o dinheiro."

— Barbara De Angelis, Ph.D., autora de
What Women Want Men to Know

"Mais pessoas se tornarão milionárias no futuro que em todos os anos passados. Nunca foi tão possível livrar-se das dívidas, conseguir independência financeira e construir uma fortaleza econômica a sua volta quanto hoje. Este livro de leitura rápida de David Bach ensina estratégias e técnicas práticas para você controlar totalmente a sua vida financeira e se tornar o milionário que quer ser."

— Brian Tracy, autor de *Metas!*

"David Bach revela o segredo para ficar rico, que é tão simples que qualquer um pode fazê-lo. Leia este livro, siga seus conselhos e eles mudarão sua vida."

— Candace Bahr e Ginita Wall, cofundadoras do
Women's Institute for Financial Education (WIFE.org)

"Pague-se primeiro. São ideias simples como essa que farão toda a diferença em seu futuro financeiro. Ignore o livro de David Bach por sua conta e risco."

— Al Ries, autor de *Foco: Uma Questão De Vida
Ou Morte Para Sua Empresa*

Também de David Bach

Smart Women Finish Rich[®]

Fique Rico, Mesmo Começando Tarde

The Automatic Millionaire Workbook

The Automatic Millionire Homeowner

The Finish Rich Workbook

The Latte Factor

Casais Inteligentes Ficam Ricos

Goo Green Live Rich

Fight For Your Money

Star Over, Finish Rich

Debt Free For Life

Automaticamente Milionário

— AMPLIADO E ATUALIZADO —

O PLANO PERFEITO PARA VIVER E FICAR RICO

DAVID BACH
Dez vezes o autor mais vendido do *New York Times*

ALTA BOOKS
GRUPO EDITORIAL
Rio de Janeiro, 2023

Automaticamente Milionário

Copyright © 2023 da Starlin Alta Editora e Consultoria Eireli.
ISBN: 978-65-5520-882-5

Translated from original The Automatic Millionaire. Copyright © 2016 by David Bach. ISBN 978-0-451-49908-0. This translation is published and sold by permission of Broadway Books, the owner of all rights to publish and sell the same. PORTUGUESE language edition published by Starlin Alta Editora e Consultoria Eireli, Copyright © 2023 by Starlin Alta Editora e Consultoria Eireli.

Impresso no Brasil — 1ª Edição, 2023 — Edição revisada conforme o Acordo Ortográfico da Língua Portuguesa de 2009.

Todos os direitos estão reservados e protegidos por Lei. Nenhuma parte deste livro, sem autorização prévia por escrito da editora, poderá ser reproduzida ou transmitida. A violação dos Direitos Autorais é crime estabelecido na Lei nº 9.610/98 e com punição de acordo com o artigo 184 do Código Penal.

A editora não se responsabiliza pelo conteúdo da obra, formulada exclusivamente pelo(s) autor(es).

Marcas Registradas: Todos os termos mencionados e reconhecidos como Marca Registrada e/ou Comercial são de responsabilidade de seus proprietários. A editora informa não estar associada a nenhum produto e/ou fornecedor apresentado no livro.

Erratas e arquivos de apoio: No site da editora relatamos, com a devida correção, qualquer erro encontrado em nossos livros, bem como disponibilizamos arquivos de apoio se aplicáveis à obra em questão.

Acesse o site **www.altabooks.com.br** e procure pelo título do livro desejado para ter acesso às erratas, aos arquivos de apoio e/ou a outros conteúdos aplicáveis à obra.

Suporte Técnico: A obra é comercializada na forma em que está, sem direito a suporte técnico ou orientação pessoal/exclusiva ao leitor.

A editora não se responsabiliza pela manutenção, atualização e idioma dos sites referidos pelos autores nesta obra.

Dados Internacionais de Catalogação na Publicação (CIP) de acordo com ISBD

B118m   Bach, David
         Automaticamente Milionário: O Plano Perfeito para Viver e Ficar Rico / David Bach ; traduzido por Edite Siegert. – Rio de Janeiro : Alta Books, 2023.
         288 p. ; 15,8cm x 23cm.

         Tradução de: The Automatic Millionaire
         Inclui índice.
         ISBN: 978-65-5520-882-5

         1. Autoajuda. 2. Finanças. I. Siegert, Edite. II. Título.

2022-1282
                                    CDD 158.1
                                    CDU 159.947

Elaborado por Vagner Rodolfo da Silva - CRB-8/9410

Índice para catálogo sistemático:
1. Autoajuda 158.1
2. Autoajuda 159.947

Produção Editorial
Grupo Editorial Alta Books

Diretor Editorial
Anderson Vieira
anderson.vieira@altabooks.com.br

Editor
José Ruggeri
j.ruggeri@altabooks.com.br

Gerência Comercial
Claudio Lima
claudio@altabooks.com.br

Gerência Marketing
Andréa Guatiello
andrea@altabooks.com.br

Coordenação Comercial
Thiago Biaggi

Coordenação de Eventos
Viviane Paiva
comercial@altabooks.com.br

Coordenação ADM/Finc.
Solange Souza

Coordenação Logística
Waldir Rodrigues

Direitos Autorais
Raquel Porto
rights@altabooks.com.br

Gestão de Pessoas
Jairo Araújo

Produtor da Obra
Thiê Alves

Produtores Editoriais
Illysabelle Trajano
Maria de Lourdes Borges
Paulo Gomes
Thales Silva

Equipe Comercial
Adenir Gomes
Ana Claudia Lima
Andrea Ricelli
Daiana Costa
Everson Sete
Kaique Luiz
Luana Santos
Maira Conceição
Natasha Sales
Pablo Frazão

Equipe Editorial
Ana Clara Tambasco
Andreza Moraes
Arthur Candreva
Beatriz de Assis

Beatriz Frohe
Betânia Santos
Brenda Rodrigues
Caroline David
Erick Brandão
Elton Manhães
Fernanda Teixeira
Gabriela Paiva
Henrique Waldez
Karolayne Alves
Kelry Oliveira
Lorrahn Candido
Luana Maura
Marcelli Ferreira
Mariana Portugal
Matheus Mello
Milena Soares
Patricia Silvestre
Viviane Corrêa
Yasmin Sayonara

Marketing Editorial
Amanda Mucci
Guilherme Nunes
Livia Carvalho
Thiago Brito

Atuaram na edição desta obra:

Tradução
Edite Siegert

Copidesque
Isis Rezende

Revisão Gramatical
Rafael Fontes
Kamila Wozniak

Diagramação
Lucia Quaresma

Capa
Arthur Candreva

Editora afiliada à:

Rua Viúva Cláudio, 291 – Bairro Industrial do Jacaré
CEP: 20.970-031 – Rio de Janeiro (RJ)
Tels.: (21) 3278-8069 / 3278-8419
www.altabooks.com.br — altabooks@altabooks.com.br
Ouvidoria: ouvidoria@altabooks.com.br

Ao meu professor de inglês,
Peter Annas.

Obrigado por se importar e por me inspirar a escrever.
Você mudou minha vida.

AGRADECIMENTOS

Esta manhã, meu filho de seis anos, James, perguntou-me o que eu estava fazendo, e eu lhe disse, "Papai está atualizando seu livro preferido, *Automaticamente Milionário*".

"Então você está melhorando o livro, papai?" James perguntou.

"Sinceramente, espero que sim, amigão," respondi.

Quase não acredito que mais de uma década se passou desde o lançamento da edição original do *Automaticamente Milionário*. Ou que hoje há mais de 7 milhões de cópias da série *Finish Rich* sendo impressas em todo o mundo. Ainda não acredito em como sou afortunado em passar a última década e meia escrevendo livros que tantos de vocês apreciam. E por esse motivo, todos os agradecimentos têm que começar com VOCÊS, meus leitores.

Sou muito grato a vocês, que ao longo dos anos tão amavelmente me agradeceram por este livro em particular. Suas histórias de como *Automaticamente Milionário* mudou suas vidas têm sido uma das maiores recompensas de minha carreira. Em e-mails, cartas, posts no Facebook/davidbach — sem mencionar todas as vezes em que me pararam pessoalmente em aeroportos, após palestras e noite de autógrafos — seus agradecimentos emocionados e sinceros foram o que me inspirou a atualizar este livro e distribuí-lo pelo mundo.

Também envio um agradecimento especial à Random House e à Crown Books, incluindo Tina Constable e Roger Scholl, pela oportunidade de atualizar e apoiar esta nova edição. A Jan Miller, meu agente, que se alegrou com essa decisão e me ajuda nessa jornada. A Allan Mayer, que trabalhou em todos os meus livros comigo, você é extraordinário.

Quando me sentei para atualizar esses Agradecimentos, as muitas lembranças de mais de uma década voltaram como se tivessem ocorrido ontem. Pareceu-me errado mudar o passado deletando-o e atualizando-o, de modo que para todos vocês que possibilitaram a publicação do primeiro livro, eles permanecem os mesmos. Porém, uma única pessoa essencial que ficou de fora da seção de agradecimentos original, foi Oprah Winfrey, e simplesmente porque ela foi escrita antes de eu participar de seu programa e lançar esse livro. A você e à sua incrível equipe na Harpo, de Katy Davis a Candi Carter, especialmente, serei eternamente grato por me darem a oportunidade de difundir a mensagem do *Automaticamente Milionário* para seu público. Juntos, pudemos ajudar milhões de pessoas, e nunca esquecerei essa experiência

Finalmente, quero agradecer à minha extraordinária família. À minha simplesmente fabulosa e incrível esposa, Alatia, e a meus filhos, Jack e James, a quem amo mais do que à própria vida, vocês são, sem dúvida, a melhor parte de minha vida — nada mais chega perto. Aos meus pais (os melhores que um filho poderia desejar). Bobbi e Marty Bach, vocês sempre me apoiaram, me animaram e amaram incondicionalmente — amo vocês. Também quero agradecer à Michele, a melhor "ex" que um sujeito poderia ter e a seu fantástico marido, Gene, e à filha, Charlotte — temos uma incrível família moderna e sou muito agradecido a todos vocês por seu amor. Agradecer parece pouco, mas sinceramente, OBRIGADO!

David Bach

Nova York, 2016

AGRADECIMENTOS ORIGINAIS

São necessárias inúmeras pessoas para criar um livro e muita gente me ajudou nesta jornada para ajudar outros a viver e ficar ricos. *Smart Women Finish Rich*, *Casais Inteligentes Ficam Ricos*, *The Finish Rich Workbook*, e agora *Automaticamente Milionário* nunca teriam atingido milhões de pessoas se eu não tivesse uma equipe que me apoia e valoriza. Só com a ajuda das seguintes pessoas tive o privilégio de fazer essa jornada incrível pelo mundo e alcançar tantas pessoas com minhas ideias e palavras.

Para elas, eu digo, do fundo do coração, OBRIGADO!

Primeiro, aos leitores: nos últimos cinco anos recebi milhares de cartas e e-mails de vocês que me inspiram a fazer ainda mais do que estou fazendo. Suas perguntas — assim como suas histórias de como meus livros os ajudaram a assumir melhor controle de sua vida financeira e buscar seus sonhos — é o que me motiva. Saber que inspirei tantas pessoas faz com que tudo que escrevo, falo e viajo valha muito a pena. Espero realmente que este livro atenda às suas expectativas e responda às perguntas que vocês têm feito repetidas vezes: Qual é o VERDADEIRO SEGREDO para ficar rico?

À minha equipe do Doubleday Broadway Publishing Group: esta é uma parceria real que me agrada e valorizo. A Stephen Rubin, dono da editora, e Michael Palgon, Bill Thomas e Gerald Howard, obrigado pelo apoio à ideia do Automaticamente Milionário. Este é mais que um livro; ele é um movimento e vocês estão ajudando que ele ocupe seu lugar dentro da Broadway. Para Kris Puopolo, minha editora, este livro foi pura cooperação. Você é a apoiadora que todo autor sonha em ter. Para Beth Haymaker, obrigado por todo o apoio nos bastidores. Você foi ótima em nos manter no rumo certo. Para minha equipe de RP da Broadway, David Drake, Jessica Silcox e Laura Pillar, agora chegamos a quatro livros! O que posso dizer além de que valorizo demais tudo que fizeram para eu transmitir minha mensagem? Vocês acreditaram em mim desde o início e é por causa de sua orientação que pude atingir tantas pessoas. Para Catherine Pollock e Janelle Moburg, obrigado por seus esforços de marketing e vendas; ambas se dedicaram de modo extraordinário a este livro e sua missão. Para Jean Traina e John Fontana, obrigado pelo trabalho fantástico que fizeram na capa; vocês captaram o espírito do livro maravilhosamente.

Para Allan Mayer, trabalhamos em quatro livros juntos. Poucos relacionamentos no mundo editorial duram tanto e o nosso só melhora. Obrigado; tem sido uma jornada recompensadora. E obrigado por ficar firme em todas as revisões, mesmo com o novo bebê. Este é dedicado à pequena Sasha e à Renee!

Para Jan Miller, meu agente literário preferido, preciso cumprimentá-lo. Você me aceitou quando eu era só um consultor financeiro com um sonho — e, agora, veja só. Um milhão de livros depois, realmente chegamos lá! Isso é ainda mais divertido do que imaginei. Para Shannon Miser Marvin e Kim Wilson, vocês duas são ótimas. Obrigado por monitorar tudo que envolve a criação do que serão seis livros até 2006. Sei que fiz vocês trabalharem duro e realmente agradeço sua dedicação.

Para o meu time dos sonhos que me apoia em FinishRich, Inc., devo muitos agradecimentos. Primeiro, para Liz Dougherty, meu "braço direito". Sou um felizardo em ter encontrado você. Obrigado em manter minha vida organizada. Você é uma assistente estratégica de primeira. Ao meu advogado, Stephen Breimer, sou grato todos os dias desde que o conheci. Obrigado por ser meu divulgador — e defensor — em todas minhas negociações. Para minha equipe de agentes, Mark e Erik Stroman da Entertainment Marketing Partners e Mark Pearlman, obrigado por sua visão, seus insights e seu comprometimento para me ajudar a atingir mais pessoas. Estou empolgado com nosso futuro juntos. Para meu agente de serviços financeiros, Harry Cornelius, temos trabalhado juntos há cinco anos e não pretendemos parar. Que jornada e quanta diversão! Você foi um verdadeiro profissional desde o primeiro dia.

Às vezes, quando temos um sonho, somos afortunados por encontrar um parceiro que ajuda a torná-lo realidade. Para mim, um desses parceiros foi a Van Kampen Investments. Trabalhamos juntos desde 2000 para educar milhares de pessoas em toda a América do Norte com os seminários Smart Women Finish Rich e Smart Couples Finish Rich. Um agradecimento especial vai para Dave Swanson, Scott West, Lisa Kueng, Gary DeMoss, Kristan Mulley, David Litton, Carl Mayfield, Jim Yount, Mark McClure, Eric Hargens e Mike Tobin, e os mais de 80 varejistas que apoiaram e ensinaram os seminários milhares de vezes. Para Jack Zimmerman, Dominick Martellaro e Frank Mueller, obrigado pelos anos de apoio. Minha profunda gratidão também vai para os milhares de consultores financeiros que dão aula nos seminários FinishRich todos os anos. Atingimos 500 mil pessoas nos últimos 4 anos. É fantástico. Para Jack Kemp e Paula Dooher, da Morgan Stanley, por me enviar para todo o país para disseminar a mensagem de *Casais Inteligentes Ficam Ricos*. Foi, de fato, o roteiro de seminários mais bem-sucedido que segui até hoje, atingindo milhares de pessoas em questão de semanas. Mal posso esperar para iniciar a temporada de 2004 com vocês.

Para a equipe da AOL — Tina Sharkey, Jodi Hooper, Jennie Baird e Jamie Hammond — obrigado por ver de imediato o poder de *Automaticamente Milionário*. Mudaremos muitas vidas juntos. Estou empolgado por ser o primeiro Coach Financeiro da America Online. Será uma aventura.

Há muitos mentores e orientadores que continuam a trabalhar comigo. Para Dan e Babs Sullivan, obrigado por ensinar como usar meu conhecimento e compartilhá-lo com o mundo. Para Richard Carlson, Barbara DeAngelis, Tony Robbins, Mark Victor Hansen, Robert Allen, Robert Kiyosaki, Louis Barajas, Dottie Waters, Joe Polish, Bill Bachrach, Marcia Weider, Steven Krein e muitos outros — cada um de vocês dedicou seu tempo ao longo dos anos para me ensinar como melhorar o que faço, e por isso agradeço outra vez.

Meus amigos mais queridos ainda me amam independentemente do tempo que levo para retornar uma ligação ou um e-mail; obrigado por sempre estarem presentes quando preciso. Um abraço especial para Bill e Jenny Holt, Andrew e Belinda Donner, Betsey e T. G. Fraser, Jeff e Caroline Guenther, Jeff e Donna Odiorne, David Kronick, Bill e Courtney Decker, Michael Karr e aos nossos novos e queridos amigos em Nova York, Steven e Rebecca Krein e Mary e Brant Cryder, obrigado por fazer minha nova casa parecer um lar. Além disso, para o novo time dos sonhos de empresários com quem lido em Nova York — meu Fórum YEO (Roark, Asha, Tiso, Matt, "B" Martin, David, Tina, Eric) — amo todos vocês! Para meus sogros, Joan e Bill Karr, fui muito afortunado em conhecer Michelle, mas também por ter sido recebido em uma família onde há tanto amor e apoio. Para minha babá e Vovó Goldsmith, eu as amo demais; obrigado por terem uma vida longa para eu poder aprender com vocês.

Para meus pais, Marty e Bobbi Bach, que continuam meus maiores fãs, cada vez mais me dou conta do quanto sou feliz por ser seu filho. Vocês são pessoas que admiro e pais que amo. Para minha irmã caçula, Emily e seu marido, Tom Moglia, além do amor que sinto por ambos, sou muito grato pelo trabalho maravilhoso que têm feito ao assumir a direção de minha empresa de planejamento. O Grupo Bach era uma grande máquina construída ao longo de uma década e sei que vocês têm feito um ótimo trabalho com nossos clientes durante os últimos difíceis anos.

Para minha maravilhosa esposa, Michelle: nos últimos 18 meses, nos quais mudamos para a cidade de Nova York, deixando nossos amigos e família para trás, escrevi três livros, viajei algumas centenas de milhares de quilômetros e participei de algumas centenas de programas de televisão e rádio. E você ainda me ama. Você não só tem me escutado diariamente nos bons e maus momentos, como seu feedback sobre este livro o transformou no que ele é. Dizer obrigado é pouco... mas OBRIGADO. Partilhamos quase uma década de amizade e amor e todos os dias me sinto mais afortunado por tê-la encontrado. E para Jack, meu filho que está por nascer, que enquanto escrevo está crescendo no ventre da mãe, obrigado por me fazer entender o quanto a vida é especial. Saber que você logo entrará em nossas vidas — é realmente o que significa ser rico. Mal vejo a hora de conhecê-lo.

Finalmente, para as milhares de pessoas que conheci como consultor financeiro, suas histórias de vida transmitiram inúmeras lições para ensinar aos outros e agora compreendo realmente que presente maravilhoso isso é.

Sou profundamente grato e amo todos vocês!

David Bach
Nova York, 2003

SUMÁRIO

Agradecimentos ix

Agradecimentos Originais xi

Sobre o Autor xix

Prefácio da Edição Atualizada xxi

Introdução 1

Capítulo Um

Conhecendo o Automaticamente Milionário 11

Capítulo Dois

O Fator Latte: Tornando-se Automaticamente Milionário com Apenas Alguns Dólares por Dia 31

Capítulo Três

Aprenda a Pagar-se Primeiro 63

Capítulo Quatro

Como Torná-lo Automático 85

Capítulo Cinco

Automatize para Dias Chuvosos 145

Capítulo Seis

Casa Própria Automática sem Dívidas 169

Capítulo Sete

O Estilo de Vida Livre de Dívidas Automático 203

Capítulo Oito

Faça a Diferença com Dízimos Automáticos 219

Capítulo Nove

O Esquema do Automaticamente Milionário 235

Palavras Finais: Sua Jornada Começa Hoje! 243

Inspire-se!: Histórias de Sucesso de Automaticamente Milionários 247

Índice 259

SOBRE O AUTOR

David Bach está ajudando o mundo a aprender a viver e ficar rico e continua a inspirar milhões todos os dias a agir e mudar suas vidas. Ele é autor de best-sellers consecutivos nos EUA, incluindo o livro de negócios nº 1 do *New York Times*, *Fique Rico, Mesmo Começando Tarde*, e *Automaticamente Milionário*, assim como os best-sellers nacionais e internacionais *Smart Women Finish Rich, The Finish Rich Workbook*; e *The Automatic Millionaire Workbook* [*Mulheres Inteligentes Ficam Ricas, O Livro de Exercícios de Fique Rico* e *O Livro de Exercícios de Automaticamente Milionário*, em tradução livre, respectivamente] e *Casais Inteligentes Ficam Ricos*. Bach é o único autor a ter quatro títulos ao mesmo tempo na lista de best-sellers do *Wall Street Journal, BusinessWeek* e *USA Today*. Além disso, quatro de seus livros foram indicados para a Lista de Best-sellers do *USA Today* de 2004.

A obra de lançamento de Bach, *O Milionário Automático*, foi o livro de negócios nº 1 de 2004, segundo a *Business Week*. Ele ficou 31 semanas na lista de best-sellers do *New York Times* e, simultaneamente, foi o nº 1 nas listas de best-sellers do *New York Times, Business Week, USA Today* e *Wall Street Journal*. Com mais de um milhão de cópias impressas, este simples e poderoso livro foi traduzido para 15 idiomas e inspirou milhares de pessoas pelo mundo a poupar dinheiro automaticamente.

Bach também é autor de *1001 Financial Words You Need to Know: The Ultimate Guide to the Language of Business and Finance* [*1001 Termos Financeiros que Você Precisa Saber: O Guia Máximo da Linguagem de Negócios e Finanças*, em tradução livre], publicado pela Oxford University Press. No total, a série *Finish Rich* foi publicada em mais de 19 idiomas, com mais de 7 milhões de cópias impressas em todo o mundo.

Sempre presente na televisão e no rádio, além de em jornais e revistas, Bach foi seis vezes ao *The Oprah Winfrey Show* para contar ao mundo suas estratégias para viver e ficar rico, e tem participado regularmente dos programas *Today* e *Weekend Today* da NBC, Larry King Live da CNN, *Live with Regis and Kelly*, e *The View*, da ABC, *Early Show*, da ABC News, Fox News e CNBC. Ele tem sido citado em várias publicações importantes como, por exemplo: *New York Times, Business Week, USA Today, People, Reader's Digest, Time, Financial Times, Washington Po*st, *Wall Street Journal, Los Angeles Times, San Francisco Chronicle, Working Woman, Glamour, Family Circle* e *Redbook.* Ele tem colaborado com a revista *Redbook* e *Smart Money*, o site Yahoo! Finance, o AOL Money e Oprah. com. David esteve dez vezes entre os autores mais vendidos do *New York Times.*

David Bach é o criador da série de seminários FinishRich®, que destaca suas estratégias financeiras rápidas e fáceis de seguir. Só nos últimos anos, mais de meio milhão de pessoas participaram dos seminários Smart Women Finish Rich® e Smart Couples Finish Rich®, apresentados em toda a América do Norte por milhares de consultores financeiros em mais de 2 mil cidades. Todos os meses, mulheres e homens aprendem em primeira mão como lidar com as finanças para viver uma vida de acordo com seus valores.

Palestrante renomado na área de finanças, apresenta seminários e faz palestras de abertura nas principais empresas de consultoria financeira do mundo, empresas da Fortune 500, universidades e conferências nacionais. É fundador e presidente da FinishRich Media, empresa dedicada a revolucionar o modo como as pessoas aprendem a lidar com dinheiro. Antes de sua fundação, ele foi vice-presidente sênior da Morgan Stanley e sócio do The Bach Group, que durante seu mandato (1993 a 2001) administrou mais de meio bilhão de dólares de investidores individuais.

David Bach mora com a família em Florença, Itália. Visite seu site, www. finishrich.com.[conteúdo em inglês]

PREFÁCIO DA EDIÇÃO ATUALIZADA

Obrigado por ler esta nova edição atualizada de *Automaticamente Milionário* e parabéns por decidir criar um futuro financeiro mais fácil para você e sua família. Quando escrevi a primeira versão em 2003, meu objetivo era muito simples: eu queria ajudar 10 milhões de pessoas a alcançar liberdade financeira mostrando-lhes como, durante sua vida, poderiam se tornar "automaticamente milionários".

Eu sabia que a meta era desafiadora — mas também empolgante e acreditava que valia a pena tentar atingi-la. Mas não me dei conta, no início, do poder do boca a boca que vem de pessoas que agem de modo a melhorar suas vidas. Quando o livro chegou às mãos de pessoas reais prontas para agir, ele rapidamente começou a fazer a diferença em inúmeras vidas. Como resultado, os leitores começaram a compartilhá-lo com amigos, familiares e colegas de trabalho e logo este pequeno livro virou um grande sucesso em todo o mundo. Em questão de semanas, *Automaticamente Milionário* passou a ser o nº 1 em quase todas as listas de best-sellers nos Estados Unidos, incluindo as do *New York Times*, *Wall Street Journal*, *USA Today* e *Business Week*.

Nos meses seguintes, tive o privilégio de compartilhar a filosofia de *Automaticamente Milionário* no *Oprah Winfrey Show*, no programa *Today*, da NBC, *Early Show* da CBS, *American Morning* da CNN e muitos outros.

Em menos de um ano, mais de um milhão de cópias de *Automaticamente Milionário* foram impressas e traduzidas para quinze idiomas e a *Business Week* o apresentou como o livro de negócios nº 1 do ano.

O sucesso deste pequeno livro não só foi empolgante e surpreendente para mim, ele também foi informativo. Percebi de imediato o quanto era grande a necessidade de conselhos simples e práticos sobre questões de dinheiro. Mais importante, vi o quanto essas ideias simples podem mudar a vida das pessoas. De fato, dezenas de milhares de leitores me escreveram para contar o sucesso que agora usufruem por terem usado as ferramentas mostradas neste livro.

Assim, se este pequeno livro exerceu tal impacto, por que atualizá-lo? A resposta é simples. Porque o mundo muda constantemente e aprender sobre dinheiro é um processo interminável. Hoje o mundo parece estar mudando ainda mais depressa. Desde a última atualização deste livro, atravessamos uma recessão econômica terrível, seguida por uma recuperação notável. Como resultado dessa recuperação, hoje há um número recorde de milionários nos EUA (mais de 10 milhões) e no mundo (mais de 17 milhões). A quantidade de milionários no mundo dobrou na última década. Infelizmente, nem todos participaram dessa retomada ou se tornaram milionários, para dizer o mínimo. E muitos de nós continuam muito preocupados com nossas finanças.

Também experimentamos mudanças tecnológicas sem precedentes desde a primeira publicação do livro. A boa notícia é que a tecnologia atual facilita ainda mais tornar-se o que chamo de *Automaticamente Milionário*. E, embora a mensagem e os princípios centrais deste livro não tenham mudado, muitas normas e leis tributárias foram alteradas, de modo que atualizei todas as referências a elas e ofereci as mais recentes recomendações sobre os sites, estratégias e técnicas de investimento que funcionam melhor *hoje*.

Nesta edição revisada, adicionei um novo capítulo que destaca algumas histórias de sucesso que recebemos. São relatos de pessoas reais como você que queriam obter resultados reais — e agora os têm. Há muitas mais em nosso site **www.finishrich.com** [conteúdo em inglês]. Não acredite em mim quando digo que essa coisa funciona. Leia essas narrativas da vida real — e deixe que as pessoas reais mencionadas nelas o encorajem a pensar "se elas podem — eu também posso". *E a verdade é, você pode!*

Finalmente, adicionei um capítulo chamado "O Esquema do Automaticamente Milionário". Esse quadro simples, mas poderoso, de uma página foi criado para mostrar o caminho para tornar seu plano totalmente automático. Também criei um programa em vídeo como bônus para você assistir de graça, como um presente meu para ajudá-lo a agir com rapidez com base no que aprender no livro e em finishrich.com/blueprint [conteúdo em inglês].

Uma coisa que não mudou nesta edição atualizada de *Automaticamente Milionário* é a principal meta do livro, que é aprender a viver e ficar rico de modo fácil, divertido e prático. *Automatica-*

mente Milionário é e sempre será baseado no princípio atemporal de que, se você agir de modo correto e tornar sua vida financeira "automática", tudo ficará mais fácil.

Novamente, agradeço do fundo do coração por me dar a oportunidade de orientá-lo. Aprecie a jornada na qual o livro o levará — e divirta-se. Você merece viver e ficar rico e eu sei que conseguirá. Então, vamos começar!

David Bach

INTRODUÇÃO

Se eu lhe disser que em uma ou duas horas lhe mostrarei um sistema que, devagar e com segurança, o transformará em um milionário?

Se eu lhe disser que se trata de um sistema comprovado que pode ser preparado em apenas uma ou duas horas sem necessidade de fazer um orçamento, que não requer disciplina, pede um investimento de menos de dez dólares por dia e pode ser feito pelo telefone, no conforto de sua casa?

Se eu lhe disser que o sistema se chama Automaticamente Milionário® e que se você passar apenas uma ou duas horas comigo, se tornará um deles? E se eu lhe disser que é fácil — tão fácil que depois de instalá-lo você nunca teria que gastar mais que dez minutos por mês para monitorá-lo?

Eu chamaria sua atenção? Você passaria uma ou duas horas comigo? Você gostaria de se tornar Automaticamente Milionário?

— DAVID BACH

Se as linhas acima chamaram sua atenção — e espero que o tenham feito — continue a ler. Se você estiver em uma livraria, fique onde está e leia só mais algumas páginas. Garanto que ficará entusiasmado. Este livro foi escrito para ser lido em uma ou duas horas e posto em prática imediatamente. É uma leitura fácil. É um sistema fácil. Se você permitir, ele o ajudará porque se baseia em conselhos financeiros sensatos testados e comprovados.

QUEM ROUBOU O SONHO AMERICANO?

Em algum lugar, de algum modo, algo aconteceu nos últimos anos ao Sonho Americano de possuir uma casa em uma vizinhança agradável, dirigir um bom carro, oferecer uma vida melhor do que a que teve aos seus filhos (se os tiver) e aposentar-se com uma boa quantia para fazer o que e quando quiser. Este sonho desapareceu para muitos norte-americanos.

Com o estouro da bolha imobiliária em 2007 e a recessão que se seguiu, os Estados Unidos enfrentaram uma dolorosa pressão econômica ainda sentida por muitos. Com a queda do mercado de ações, muitos norte-americanos viram sua fortuna pessoal evaporar. Durante o período de baixa no mercado entre 2007 e 2009, as perdas de Wall Street somaram o elevado valor de $11 trilhões. Infelizmente, milhões de norte-americanos não se recuperaram e inúmeras pessoas se viram obrigadas a deixar a aposentadoria e voltar à força de trabalho. Não se sabe quanto tempo essas pessoas terão que continuar trabalhando. Ao mesmo tempo, milhões mais que planejavam aposentar-se nos próximos cinco a dez anos se perguntam, "O que aconteceu? Vou me aposentar? Onde está minha parte do sonho?"

Para a maioria dos norte-americanos, o antigo método de investir para o futuro simplesmente não está funcionando. Pense nisso: segundo o Conselho de Educação de Poupança Americano, quase metade dos trabalhadores norte-americanos tem menos de US$25 mil na poupança — e quase 60 milhões (isso é um em cinco) não têm nada no banco. Isso mesmo: zero vezes zero, nada. Ao mesmo tempo, estatísticas recentes nos mostram que o norte-americano comum hoje deve mais de US$8.400 no cartão de crédito.

Até mesmo a geração de baby boomers supostamente rica está em uma situação financeira precária. Cerca de 10 mil baby boomers chegam à idade da aposentadoria todos os dias, mas um estudo da Associação Americana de Aposentados informa que o "boomer típico" possui só US$1 mil em ativos financeiros. Nós os considerávamos bem-sucedidos, mas na verdade, estão falidos.

COMO VÃO AS SUAS FINANÇAS?

Você ainda gasta todo seu salário? Ou a situação é pior? Você gasta todo o seu salário e ainda usa o cartão de crédito a ponto de mal conseguir pagar o mínimo mensal? Você sabia que se deve US$2 mil no cartão de crédito e paga apenas o mínimo mensal, precisará de mais dezoito anos — e um total de mais de US$4.600 — para saldar sua dívida?

O objetivo de mostrar esses fatos e números não é deprimi-lo, mas garantir que se você ainda não é tão rico quanto gostaria ou quer ser, não está sozinho.

Se você leu algum de meus outros livros — *Start Late, Finish Rich, Smart Women Finish Rich*®, *Casais Inteligentes Ficam Ricos* ou *The Finish Rich Workbook* — sabe que uso um método ilógico para ensinar sobre dinheiro. Sabe também que sou bem-sucedido em ajudar milhões de pessoas a agir e transformar a vida financeira mostrando o tema do dinheiro como algo divertido e simples. E dentro desse espírito ilógico, explicarei o que me levou a escrever este livro. Na verdade, é muito simples.

ACHO QUE VOCÊ MERECE VIVER O SONHO AMERICANO...

só precisa aprender como realizá-lo!

Decidi escrever este livro porque depois de todos os outros e as apresentações no rádio e na televisão, e as centenas de palestras e seminários que realizei, as pessoas ainda me perguntam todos os dias, "David, qual é o segredo para enriquecer? Perdi minha chance?"

Até mesmo meus amigos fazem essa pergunta. Eles dizem coisas como, "David, não quero procurar um consultor, ler um livro longo, assistir a uma aula. Só me diga o que fazer. Qual é o segredo?"

E, quer saber? *Existe* um segredo muito simples para ficar rico na América. Na verdade, é tão simples que quase ninguém o põe em prática.

Ele não é só simples, é também mais ou menos óbvio — tão óbvio que é provável que você já o conheça. Mas isso não significa que não possa aprender nada aqui. Afinal, se você não é rico — e se ainda está lendo este livro possivelmente significa que não é — então não importa que já tenha ouvido algumas das técnicas que contarei.

Por quê?

Porque é mais do que provável que você não as esteja usando. E, talvez, nem seus amigos. Na verdade, a maioria das pessoas não usa esses segredos porque não são ensinadas nas escolas, como deveriam.

O QUE DEVERIAM TER LHE ENSINADO NA ESCOLA... MAS NÃO ENSINARAM

O objetivo deste livro não é só compartilhar segredos com você. É também fazer com que os ponha em prática.

Mas vamos esclarecer um fato. Não estou prometendo "transformar sua situação financeira de um dia para o outro". Este não é o tipo do livro "sem investimento", publique-pequenos-anúncios-no-facebook, compre-nosso-software-e-boletim-informativo-e-ficará-rico-imediatamente.

E embora seu título não seja exagero, não estou falando de ajudá-lo a se tornar um milionário em algumas semanas, meses ou até anos. Você vai aprender a se tornar um milionário — com consistência e segurança — ao longo de sua vida profissional. É a abordagem da tartaruga, não a da lebre. Talvez isso não pareça tão empolgante quanto se tornar um milionário em algumas semanas ou meses, mas — eu garanto — é muito mais realista. Como eu disse, é uma abordagem testada e comprovada e sensata para alcançar a independência financeira — e realizar o Sonho Americano.

Pense nas poucas pessoas que se aposentam atualmente com todas as dívidas e obrigações pagas, com suficiente dinheiro poupado para viver a vida que sempre sonharam, ainda jovens para apreciá-la. Você não gostaria de ser uma delas? Você não acha que merece viver o Sonho Americano? Este pequeno livro pode fazer isso por você.

COMO ESTE LIVRO FUNCIONA

Primeiro, você vai conhecer os verdadeiros Automaticamente Milionários. Em meus anos de consultor financeiro, autor e palestrante, conheci centenas deles. O surpreendente é que eles estão à nossa volta sem que saibamos. Jim e Sue McIntyre, cuja história você vai ler no Capítulo 1, foram os primeiros que conheci e o que aprendi com eles mudou a minha vida.

Assim, leia e assimile a história deles. Ela contém uma mensagem poderosa que mudará como pensa sobre dinheiro de imediato. E quando mudar o pensamento, será fácil mudar suas atitudes. Depois, os oito capítulos seguintes mostrarão exatamente o que você precisa fazer para seguir seus passos e também se tornar Automaticamente Milionário.

SIMPLIFIQUE O COMPLEXO
MUNDO DO DINHEIRO

Existem milhares de livros sobre dinheiro. Todos prometem ensiná-lo a enriquecer. É possível que você já tenha alguns. É possível que os tenha comprado com boas intenções, mas não os leu ou, pior, tentou lê-los, mas eles o confundiram ou o fizeram dormir.

Este livro não vai confundi-lo nem fazê-lo dormir. Ele é simples e direto e em poucas horas lhe ensinará o que precisa saber para se tornar Automaticamente Milionário.

A filosofia que fundamenta o Automaticamente Milionário:

- Você não precisa ganhar muito dinheiro para ficar rico.

- Você não precisa ter disciplina.

- Você não precisa ser "seu próprio patrão". (Sim, você pode ficar rico sendo um empregado.)

- Ao usar o que chamo de o "Fator Latte", você construirá fortuna com alguns dólares por dia.

- Os ricos ficam ricos (e continuam ricos) porque se pagam primeiro.

- Proprietários de imóveis ficam ricos; locatários ficam pobres.

- *Acima de tudo, para não falhar, você precisa de um "sistema automático".*

VOCÊ APRENDERÁ A AUTOMATIZAR O SEU PLANO

Em resumo, é o seguinte:

Se seu plano financeiro não for automático, você falhará!
Um plano de investimento que exige que você seja disciplinado, se atenha a um orçamento e preencha cheques manualmente a cada

poucas semanas não funcionará. A sua vida é agitada. Você não tem tempo para sentar-se a cada poucas semanas para calcular como poupar e para quem enviar os cheques. Você já não tentou fazer um orçamento e poupar? Não funciona, não é? No entanto, isso é o que a maioria dos norte-americanos tenta fazer. Essa é a receita para a frustração e o fracasso.

Contudo, existe uma solução simples.

O único modo de criar uma mudança financeira duradoura que o ajude a construir uma riqueza real ao longo do tempo é...

AUTOMATIZAR SEU PLANO FINANCEIRO!

Automatizar seu plano financeiro é o passo que praticamente garantirá que ele não falhará. Por quê? Por que ao automatizá-lo você se prepara para o sucesso. E, como aprenderá neste pequeno livro, poderá fazê-lo em questão de minutos.

Por isso o subtítulo deste livro é *"O Plano Perfeito Para Viver Bem e Ficar Rico"*. O plano contém um único passo que é AUTO-MATIZAR todos os aspectos de suas finanças!

O que quero dizer com um plano automático? Falo de um plano que, depois de elaborado, permita-lhe viver sua vida sem gastar muito tempo pensando — ou pior, preocupando-se — em seu dinheiro. Sabe por que isso é importante? Porque o que de fato está faltando em nossas vidas hoje em dia... *é uma vida*! Automatize o seu plano e uma das coisas mais poderosas que conseguirá é tempo livre de preocupações — o que, por fim, significa recuperar mais de sua vida.

Se a ideia de se tornar Automaticamente Milionário com um plano simples e totalmente automatizado o atrai, então veio ao lugar certo. Não se preocupe se agora ele parece simples demais. Como você verá nas próximas horas, devido à abordagem incrivelmente simples, este é um livro incrivelmente fácil de ler. E mais, cada capítulo termina com um breve resumo que chamo **Etapas de Ação de Automaticamente Milionário**, que deixa muito claro o que pode ser feito hoje para começar a percorrer a estrada para acumular uma fortuna real... automaticamente.

Realmente pode ser feito. Como você verá, se Jim e Sue McIntyre se tornaram Automaticamente Milionários, qualquer um pode. Até você. Então, vamos começar. Em algumas horas, você ficará agradavelmente surpreso pelo quanto seu pensamento mudou — e o quanto você está pronto para agir.

GRÁTIS! ÁUDIO AUTOMATICAMENTE MILIONÁRIO

Como mais um modo de agradecê-lo por ler este livro, quero lhe oferecer um novo programa de áudio que criei. Ele se chama:

A Arrancada de Automaticamente Milionário

Eu o criei como um bônus para ajudá-lo a se inspirar a agir imediatamente com o que aprendeu neste livro. Visite meu site em www.finishrich.com ou vá diretamente para www.finishrich.com/automaticmillionaire [conteúdo em inglês]. Você ouvirá uma entrevista com insights adicionais. Bom proveito!

CAPÍTULO UM

CONHECENDO O AUTOMATICAMENTE MILIONÁRIO

Nunca esquecerei como conheci meu primeiro Automaticamente Milionário. Estava com 20 e poucos anos e dava aula de investimentos em um programa de educação de adultos. Jim McIntyre, gerente intermediário de meia-idade de uma empresa de serviços públicos, era um dos meus alunos. Não tínhamos conversado muito até o dia em que ele me procurou depois da aula para saber se poderia marcar uma hora para revisar a situação financeira dele e da esposa.

O pedido me surpreendeu. Embora eu achasse (e ainda acho) que praticamente todo mundo se beneficia dos conselhos de um planejador financeiro, Jim não me parecia o tipo que os procuraria.

Eu respondi que ficaria feliz em marcar uma reunião, mas se ele queria minha ajuda, sua esposa também deveria comparecer, visto que meu grupo apenas tratava das finanças de casais que trabalhassem em conjunto.

Jim sorriu. "Tudo bem," ele disse. "Sue é responsável por eu estar aqui. Ela assistiu ao seu seminário *Mulheres Inteligentes Ficam Ricas* e disse que eu deveria me inscrever em seu curso. Gostei do que disse e nós dois achamos que é hora de fazer um planejamento financeiro. Pretendo me aposentar no próximo mês."

Fiquei muito surpreso. Não disse nada, mas o observei e duvidei de que ele estivesse em condições de se aposentar. Dos comentários feitos em classe, sabia que estava com 50 e poucos anos e trabalhava na mesma empresa há 30 anos, nunca recebendo mais que US$40 mil por ano e não acreditava em orçamentos. Eu também sabia que ele se considerava "ultraconservador", então imaginei que não tinha feito fortuna no mercado de ações.

Minha avó Rose Bach me ensinou a não julgar um livro pela capa. Mas alguma coisa não fazia sentido. Talvez Jim tivesse herdado um bom dinheiro. Esperei que esse fosse o caso.

"O QUE NÃO ENTENDI?"

Quando os McIntyres foram ao meu escritório dias depois, pareciam exatamente o que eram: norte-americanos comuns e trabalhadores.

O que me chamou a atenção em Jim foi que ele usava uma camisa de mangas curtas com um protetor de bolso de plástico. A mulher, Sue, era mais estilosa e tinha luzes nos cabelos. Ela era esteticista, alguns anos mais nova que ele.

Para falar a verdade, eles não agiam como pessoas de meia-idade. Eles estavam de mãos dadas como adolescentes em um primeiro encontro, radiantes. Antes que eu pudesse perguntar como poderia ajudá-los, Jim começou a falar sobre seus planos e o que faria no tempo livre. Enquanto isso, Sue exclamava: "Não é ótimo que ele pode se aposentar tão cedo? A maioria das pessoas se aposenta aos 65 anos, quando muito, e aqui está Jim, se aposentando aos 52!"

"NÃO VAMOS NOS PRECIPITAR."

Depois de dez minutos dessa conversa, tive que interrompê-los. "Gente, seu entusiasmo é contagioso, mas não vamos nos precipitar. Conheci centenas de pessoas prestes a se aposentar nos últimos anos e posso dizer com certeza — quase nenhuma conseguiu se aposentar aos 50 e poucos anos". Encarei Jim. "Geralmente, as pessoas vêm ao meu escritório para descobrir *se* podem se aposentar", argumentei. "Vocês parecem estar certos de que podem. O que lhes dá tanta certeza?"

Jim e Sue se entreolharam. Então ele se virou para mim. "Você acha que não somos ricos o bastante, certo?", ele perguntou. Do jeito que ele falou, era mais uma afirmação do que uma pergunta.

"Bem, eu não diria isso", respondi, "mas, sim, é preciso muito dinheiro para custear uma aposentadoria precoce e a maioria das pessoas com sua idade está longe de ter poupado o bastante. Conhecendo seus antecedentes, estou curioso para saber como você poderia ter dinheiro suficiente". Eu o fitei e ele retribuiu o olhar, tranquilo.

"Jim, você só tem 52 anos", falei. "Considerando que só uma em dez pessoas mal consegue se aposentar aos 65 com um estilo de vida igual ao que tinha quando trabalhava, você tem que admitir que se aposentar com sua idade com a sua renda seria extraordinário."

Jim assentiu. "Você está certo", ele disse, entregando-me um maço de documentos. Lá estavam as declarações de renda do casal e os extratos financeiros que enumeravam exatamente o que possuíam e deviam.

Primeiro, analisei as declarações de renda. No ano anterior, Jim e Sue tinham ganho o total de US$53.946. Nada mal. De fato, não era uma fortuna, mas ainda uma renda considerável.

Ok, próximo. Quanto deviam?

Examinei os extratos financeiros. Não encontrei nenhuma dívida digna na nota. "Humm", eu disse, erguendo as sobrancelhas. "Vocês não têm nenhuma dívida?"

"OS MCINTYRES NÃO FAZEM DÍVIDAS."

Eles trocaram outro sorriso e Sue apertou a mão do marido. "Os McIntyres não fazem dívidas", ela disse com um risinho.

"E seus filhos?" perguntei.

"O que tem eles?" Jim retrucou. "Os dois já terminaram a faculdade, estão cuidando da vida, graças a Deus."

"Bem, então está certo", falei, "vamos ver quais são seus bens". Voltei aos demonstrativos financeiros. Havia duas casas na lista: a que ocupavam (no valor de US$450 mil) e uma alugada (uma segunda casa no valor de US$325 mil).

"Uau", exclamei. "Duas casas e nenhuma hipoteca?"

"Não," Jim respondeu. "Nenhuma hipoteca."

Em seguida, as contas de aposentadoria. O saldo atual de Jim era de US$610 mil. E havia mais. Sue tinha duas contas de aposentadoria que somavam US$72 mil. Além disso, eles tinham US$160 mil em títulos municipais e US$62.500 em uma conta poupança.

Isso é que era uma base patrimonial sólida. Acrescente alguns bens pessoais (incluindo um barco e três carros — todos quitados) e eles tinham um patrimônio líquido de cerca de US$2 milhões!

Por qualquer padrão, os McIntyres eram ricos. Não só pelo fato de terem vários bens já pagos (embora só isso já fosse impressionante); eles também tinham um fluxo de renda contínuo na forma de juros e dividendos de seus investimentos e US$26 mil de renda gerada pelo aluguel da segunda casa. Além disso, Jim receberia uma pequena pensão e Sue gostava tanto de ser esteticista que planejava continuar trabalhando até chegar aos 60 (embora não precisasse). De repente, o plano de Jim de se aposentar aos 52 anos não pareceu tão absurdo. Na verdade, era totalmente realista. Mais que realista — era empolgante!

"HERDAMOS CONHECIMENTO."

Normalmente, não me surpreendo com a riqueza das pessoas, mas havia algo nos McIntyres que me impressionou. Eles não pareciam ricos. E eles não pareciam particularmente especiais. Ao contrário, eles pareciam terrivelmente comuns — o casal médio trabalhador. Como foi possível terem acumulado essa fortuna com tão pouca idade?

No mínimo, fiquei confuso. Mas também fiquei intrigado. Na época, eu estava com vinte e poucos anos e, apesar de ganhar um bom dinheiro, ainda vivia à espera do próximo salário. Em alguns meses, conseguia poupar um pouco, mas geralmente ficava entusiasmado com algo ou gastava demais e não juntava um centavo. Na maioria dos meses, eu tinha a sensação de retroceder e não avançar, trabalhando cada vez mais para pagar as contas.

Realmente, era constrangedor e frustrante. Ali estava eu, um consultor financeiro ensinando às pessoas como investir, enquanto eu mesmo enfrentava dificuldades. Pior até, ali estavam os McIntyres que, provavelmente, em seu melhor ano mal ganhavam metade do que eu ganhava e, mesmo assim, eram milionários, enquanto eu me enterrava cada vez mais em dívidas.

Naturalmente, eles sabiam algo sobre o que fazer com o dinheiro que eu precisava aprender. E estava determinado a descobrir o que era. Como um casal tão comum conseguira reunir tal fortuna? Ansioso em conhecer seu segredo, mas sem saber por onde começar, finalmente perguntei, "Vocês herdaram parte desses bens?"

Jim soltou uma gargalhada retumbante. "Herdar?", ele repetiu, sacudindo a cabeça. "A única coisa que herdamos foi conhecimento. Nossos pais nos ensinaram algumas regras sensatas sobre lidar com dinheiro. Fizemos só o que eles disseram e funcionou. O mesmo aconteceu com muitas pessoas que conhecemos. Na verdade, em nosso bairro, cerca de metade de nossos amigos se aposentará este ano e muitos estão em situação ainda melhor que a nossa."

Nesse momento, fui conquistado. Os McIntyres vieram pedir conselhos sobre como eu poderia ajudá-los, mas agora quem queria conselhos era eu.

PARECER RICO VS. SER RICO

"Olhem", comecei, "todas as semanas conheço pessoas que assistem às minhas aulas, mas são exatamente o contrário de vocês. Isto é, elas parecem ricas, mas quando analiso os detalhes do que realmente possuem, descubro que só *não* são ricas, mas estão falidas. Esta manhã, encontrei-me com um homem que chegou dirigindo um Porsche novo em folha, com um Rolex de ouro no pulso. Ele parecia podre de rico, mas quando analisei seus demonstrativos financeiros descobri que estava realmente enterrado em dívidas. Um sujeito com 50 e poucos anos que morava em uma casa que vale um milhão e uma hipoteca de US$800 mil. Menos que US$100 mil na poupança, um débito de mais que US$75 mil no cartão de crédito e com um Porsche arrendado! E ainda paga pensão a duas ex-esposas."

Nesse momento, não conseguimos nos conter. Começamos a rir. "Eu sei que não é engraçado", eu disse, "mas lá estava esse cara, parecendo rico e bem-sucedido, mas falido financeira e emocionalmente. Ele cuidava das finanças como dirigia o Porsche: sempre no limite. Então, vocês chegaram, dirigindo um Ford Taurus. Jim está usando um Timex de 10 anos…"

"Não", Jim interrompeu com um sorriso. "É um Timex de 18 anos."

"Isso mesmo!" respondi. "Um Timex de 18 anos. E vocês são *ricos*. São felizes, ainda casados, dois ótimos filhos já formados, e se aposentando com 50 e poucos anos. Então, por favor me contem — qual é seu segredo?"

Sue me encarou. "Você quer mesmo saber?", ela perguntou.

Assenti sem dizer nada. Sue olhou para Jim. "Você acha que temos mais 15 minutos para explicar a ele?"

"Claro", Jim disse. "O que são 15 minutos?" Ele se virou para mim. "Olhe, David, você já sabe essas coisas. Você as ensina todos os dias. Nós apenas as aplicamos."

JIM E SUE CONTAM SUA HISTÓRIA

Sue respirou fundo e começou. "Bem, primeiro, casamos ainda jovens. Jimmy tinha 21 anos quando começamos a namorar e eu, 19. Casamos três anos mais tarde. Depois da lua de mel, nossos pais se reuniram conosco e disseram que deveríamos levar a vida a sério. Eles disseram que tínhamos uma escolha. Poderíamos trabalhar a vida inteira para ganhar dinheiro e esperar o salário do fim do mês, como a maioria das pessoas. Ou poderíamos aprender a fazer o nosso dinheiro trabalhar por nós e realmente aproveitar a vida. O segredo, disseram, era simples. Sempre que você ganhar um dólar, certifique-se em se pagar primeiro."

"DECIDIMOS NOS PAGAR PRIMEIRO."

Jim concordou com um aceno. "Olhe", ele falou, "a maioria das pessoas acha que, quando recebem o salário, a primeira coisa que devem fazer é pagar todas as contas — e, se sobrar alguma coisa, podem poupar algum dinheiro. Em outras palavras, pague todo mundo primeiro e você por último. Nossos pais nos ensinaram que para realmente ganhar uma dianteira no jogo, devemos fazer o oposto. Separe algum dinheiro para você e ENTÃO pague todas as outras contas".

Jim se recostou à cadeira e deu de ombros como se dissesse, "Simples assim".

Sue sorriu e sacudiu a cabeça. "Jim faz com que pareça fácil", ela disse, "mas a verdade é que tivemos que aprender a poupar. No começo, tentamos seguir um orçamento, mas de algum jeito a conta nunca fechava e acabávamos brigando muito. Certo dia, liguei para minha mãe, aborrecida por causa de uma briga por causa de dinheiro e ela me disse que fazer um orçamento não funciona. Ela contou que meus pais tinham tentado e só conseguiam discussões intermináveis. Então, eles decidiram livrar-se do orçamento e, em vez disso, pegar 10% do salário e colocá-lo em uma conta poupança antes de vê-lo ou ter a chance de gastá-lo em alguma coisa. 'Você ficará surpresa com a rapidez com que se habitua a viver sem esses 10%', ela falou. 'E enquanto isso, eles estão crescendo no banco.' O segredo, ela explicou, é que você não gasta o que não vê.

"E foi o que fizemos. No início, separávamos apenas 4% de nossa renda e aumentamos a quantia aos poucos. Hoje, poupamos 15%. Mas na média, sempre economizamos 10%, como minha mãe aconselhou."

"E o que vocês fizeram com as economias?" perguntei.

"Bem", Sue falou, "a primeira coisa que fizemos foi começar a poupar para a nossa aposentadoria".

"É que na época não havia planos de aposentadoria", Jim interrompeu. "Mas muitas empresas, inclusive a minha, tinham planos onde você contribuía todos os meses se quisesse. A maioria de nossos amigos não se interessou, mas nós aderimos."

Sue continuou a história. "Depois disso, nossa próxima prioridade foi separar o suficiente para comprarmos uma casa. Nossos pais nos disseram que suas casas tinham sido o melhor investimento que tinham feito — que nada lhe dá mais liberdade e segurança que ter um imóvel. Mas o segredo, eles disseram, era quitá-lo totalmente. Em outras palavras, deve-se pagar a hipoteca o mais depressa possível."

"Eles falaram que enquanto nossos amigos se ocupavam em gastar fortunas com a decoração do apartamento e almoçando fora todos os dias, nós deveríamos cuidar dos gastos e poupar o máximo que pudéssemos. Eles tinham razão sobre o quanto muitas pessoas gastam muito com pequenas coisas."

Ela olhou para Jim. "Você se lembra disso, querido?" ela perguntou. "Eu lembro", Jim garantiu. Ele se virou para mim. "Sabe, o segredo de progredir financeiramente não é ter um estilo de vida inferior e monótono. É ficar de olho nas pequenas coisas — pequenos hábitos de gastos sem os quais provavelmente ficaria em melhor situação. Em nosso caso, compreendemos que estávamos gastando demais em cigarros. Nós dois fumávamos um maço por dia, e nossos pais detestavam. Na época, os riscos à saúde estavam só começando a ser divulgados, e eles afirmaram que se parássemos de desperdiçar dinheiro com cigarros, provavelmente pouparíamos o suficiente em dois anos para dar entrada em uma casa. E estaríamos cuidando da saúde também."

"VIGIAMOS NOSSO FATOR LATTE."

Jim inclinou-se para a frente. "Sabe o Fator Latte, o conceito que você ensina em seus seminários para que as pessoas invistam o dinheiro que gastam em um café caro todas as manhãs?"

Assenti.

"Bem, meu pai não lhe dava esse nome, mas era a mesma coisa. Ele poderia tê-lo chamado de O Fator Cigarro ou o fator 'Não use seu dinheiro como um idiota'. A ideia era a mesma. Se poupássemos alguns dólares por dia, acabaríamos comprando nossa casa. Ele disse que se alugássemos, sempre seríamos pobres e deixaríamos alguém rico. Se comprássemos uma casa, acabaríamos ficando ricos."

"Então é isso?" perguntei. "Vocês economizaram cortando os cigarros e compraram uma casa?" Olhei para Jim e Sue. Eles sorriram para mim e assentiram. "Mas como vocês acabaram com duas casas quitadas?"

"Bem, não temos realmente duas casas", Sue falou. "Temos uma casa e um imóvel para locação. Essa é outra parte do segredo."

Jim continuou a história. "Nossos pais nos ensinaram um truque que facilita pagar a hipoteca rapidamente. Você vai adorar, mas vai exigir mais trabalho por parte do banco. Atualmente é mais fácil do que nunca. Você faz o seguinte: em vez pagar toda a parcela uma vez por mês, você paga metade a cada 15 dias. Faça isso regularmente e no final do ano terá pago uma parcela adicional inteira sem mesmo sentir. Assim, em vez de pagar a hipoteca em 30 anos, terá seu imóvel quitado em 23 anos. Calculamos que ao seguir esse plano poderíamos comprar uma casa aos vinte e poucos anos e tê-la pago antes dos 50. O que aconteceu foi ainda melhor. Acabamos pagando ainda mais parcelas da hipoteca de forma consistente. Quando estávamos com quase 40 anos, a casa estava praticamente paga."

"E então?" perguntei.

"Então não tínhamos mais parcelas da hipoteca para pagar e, sem elas, ficamos com uma boa sobra de dinheiro todos os meses." Jim sorriu. "Calculamos que poderíamos desperdiçá-lo ou comprar uma casa melhor e alugar a primeira. Foi o que fizemos, usando o mesmo truque do pagamento quinzenal para quitá-la mais depressa. E então, quando nos demos conta, tínhamos duas casas quitadas: uma para morar e outra para alugar proporcionando um ótimo fluxo extra de caixa."

"Bom plano", falei.

Jim balançou a cabeça vigorosamente. "Outra coisa que os pais de Sue nos ensinaram foi nunca comprar a prazo", ele prosseguiu. "Eles adotavam um método rígido que transmitiram para nós e que passamos aos nossos filhos: não importa o tamanho da compra, você deve pagá-la à vista ou esperar. A única exceção é para a compra de uma casa e, como Sue falou, quitar a hipoteca o mais rápido que puder. Nem sempre é fácil, mas essa é a regra."

"Isso mesmo", Sue ajuntou. "Jim economizou cinco anos para comprar seu barco."

"E, mesmo então, comprei um usado", ele acrescentou. "Mas tudo bem. Não me incomodei em deixar que outra pessoa cometesse o erro de comprar um novo muito mais caro — e depois vendê-lo para mim por uma fração do que ele pagou. Fizemos o mesmo com nossos carros. Sempre compramos usados com ajuda de um mecânico confiável, cuidamos bem dele e eles funcionam muito bem."

"A questão é", Sue disse, "se não tínhamos dinheiro para comprar algo, não o comprávamos. Durante todo nosso casamento, nunca fizemos dívidas no cartão de crédito. Quando os usávamos, pagávamos o saldo no mesmo mês. Essa foi outra dica que nossos pais disseram que adoraríamos, e os bancos detestariam".

O SEGREDO MAIS IMPORTANTE

Recostei-me na cadeira, surpreso com como os McIntyres faziam tudo parecer simples. Tinha que haver um senão. Pensei um momento e então entendi o que era. "Tudo o que vocês contaram faz sentido", eu disse. "Cortar os gastos desnecessários, acelerar o pagamento da hipoteca, pagar-se primeiro, comprar apenas à vista, evitar dívidas no cartão de crédito — está absolutamente certo. Ensino tudo isso nos seminários. Mas reunir todas essas táticas deve ter exigido uma imensa força de vontade. Sinceramente, tiro o chapéu para vocês. Gostaria que todos tivessem a sua autodisciplina. Infelizmente, a maioria das pessoas não a tem. Acho que é por esse motivo que grande parte das pessoas nunca fica rica como vocês."

Mais uma vez, Jim e Sue se entreolharam. Ambos sorriram e Jim fez um gesto para que a esposa explicasse.

VOCÊ NÃO PRECISA DE FORÇA DE VONTADE OU DISCIPLINA

"Mas esse é o ponto", Sue começou. "*Não* temos uma força de vontade fenomenal. Se seguir os conselhos de nossos pais fosse uma questão de autodisciplina, não teríamos conseguido metade do que conseguimos."

"Acho que o resultado não teria sido nada bom", Jim interrompeu. "Isto é, Sue tem algum autocontrole, mas eu — esqueça."

Fiquei bastante confuso. "Não entendo", admiti. "Como vocês conseguiram sem algum tipo de autodisciplina? Afinal, vivemos em uma sociedade em que a publicidade e o entretenimento — até o governo — constantemente nos bombardeiam com tentações para fazer exatamente o contrário de tudo que seus pais lhes ensinaram. Como resistiram? Como conseguiram cumprir todas essas regras diante de todas as tentações?"

Minha curiosidade não era apenas profissional. Como eu disse, eu estava com 20 e poucos anos na época e achava muito difícil ser disciplinado o bastante para poupar a quantia que deveria estar economizando. Acho que a ansiedade ficou evidente em minha expressão, porque Jim e Sue começaram a rir. Depois de um instante, me juntei a eles.

"Sabe, David," Jim disse finalmente, "temos uma filha que é um pouco mais nova que você. Então, acredite ou não, entendemos o quanto é difícil ser disciplinado para poupar dinheiro quando se tem 20 anos. Mas esse é o atrativo de nosso método. Ele não exige disciplina".

Olhei para ele, desconfiado.

"Sua dúvida não me surpreende," Jim disse. "É tão simples e óbvio que mesmo alguém que sabe tanto de dinheiro como você tem dificuldade de enxergar. É o seguinte. Digamos que você saiba que precisa fazer algo, mas tem receio de ficar tentado a fazer algo diferente. Como garantir fazer a coisa certa?"

Jim me fitou. Eu dei de ombros.

"Então", ele continuou, "é simples e óbvio. Você tira a decisão de suas mãos. Você programa para que a coisa seja feita automaticamente".

"Você lembra o que eu disse sobre pagar-se primeiro?" Sue perguntou. "Nós arranjamos que uma parte de nosso dinheiro fosse tirada automaticamente do salário e depositado em uma conta poupança. O segredo é que tudo é automático. Depois de programado, não tínhamos que fazer nada. Ele saía de nossas mãos — literalmente."

"Claro", eu respondi. "É como os programas sistemáticos de poupança e investimento de que falo nas aulas. Só que vocês os aplicam a todos os aspectos de suas finanças."

"Exatamente!" Jim exclamou. "Se você não precisa pensar no assunto, não terá a chance de esquecer-se de fazê-lo — ou pior, mudar de ideia e intencionalmente *não* fazê-lo. Quando a decisão não é sua, não há como ficar tentado a fazer a coisa errada."

"DECIDIMOS NOS TORNAR AUTOMATICAMENTE MILIONÁRIOS."

Foi a vez de Sue novamente. "Nossos pais diziam que isso é proteger-se de si mesmo", ela contou. "Não temos que nos preocupar sobre ter força de vontade, porque não tínhamos que fazer nada além de decidir no início que queríamos ficar ricos. Com a ajuda dessa coisa fantástica chamada 'desconto na folha de pagamento', tudo foi automatizado. Criamos um sistema automático infalível para fazer fortuna."

"Jim pediu à sua empresa que descontasse dinheiro do salário e o investisse na conta de aposentadoria. Aceleramos os pagamentos da hipoteca de modo parecido. Assim que os bancos ofereceram programas de transferência automática, fizemos o nosso para que o pagamento da hipoteca fosse descontado — mais uma pequena quantia — de nossa conta-corrente sem que tivéssemos que fazer ou dizer nada. Também usamos um esquema de dedução automática para investir uma parte de nossos salários em fundos mútuos. Por fim, até automatizamos o dízimo. Sempre doávamos um pouco para a caridade, mas com o passar do tempo percebemos o quanto seria simples automatizar esse processo."

"Entenda", Jim falou, "que não estamos falando de quantias elevadas. No início, eu tinha menos de US$50 deduzidos de meu salário. Mas com o tempo, realmente vale a pena".

Olhei para os demonstrativos financeiros dos McIntyres com o patrimônio líquido de sete dígitos. "Vocês não estão brincando", eu disse. "Isso é realmente notável."

Sue McIntyre balançou a cabeça. "É aí que você se engana", ela disse, devagar. "Não é notável. Se nós podemos fazê-lo, qualquer um pode. Ao decidir ser ricos quando éramos jovens e criar um sistema automático para fazer fortuna ficou impossível falhar. É como o slogan da Nike, com um toque a mais. Eles dizem, 'Just Do It' [Simplesmente faça]. Nós dizemos, 'Simplesmente faça… uma vez'. Quando se trata de dinheiro, basta automatizar seu sistema e pronto."

Jim balançou a cabeça, concordando. "Olhe, quando começamos, a tecnologia de fazer coisas automaticamente era nova e a maioria de nossos amigos não confiava nela. Mas hoje é muito fácil. Isto é, com todos os programas que existem hoje, pode-se automatizar todas as suas finanças literalmente em minutos. Nossa filha Lucy organizou tudo em menos de meia hora. Agora ela está a caminho de se tornar automaticamente milionária como nós."

"E não acho", Sue continuou, rindo, "que seja preciso um casal velho e careta para que funcione. Desculpe se estou me gabando, mas nossa filha Lucy é uma jovem muito estilosa. Sem *nenhum* Timex no pulso".

"Verdade", Jim sorriu. "Ela usa um daqueles *Swatches*. Muito moderno e tudo o mais, mas não ridiculamente caro."

"E essa é a questão", Sue ajuntou. "Você pode poupar e ainda se divertir e ter ótima aparência. Não é preciso ser maçante para ficar rico. Nós certamente não fomos. Tivemos ótimos momentos nos últimos trinta anos, assim como nossos amigos, se não mais, porque ficamos livres do estresse da preocupação diária com dinheiro."

Os McIntyres saíram do meu escritório como chegaram, de mãos dadas, esperando pelo futuro juntos com o entusiasmo de recém-casados. Fiquei sentado um longo tempo, pensando no que eles tinham dito — especialmente ao se despedir.

O segredo, eles disseram, era "se preparar para o sucesso". Por que dificultar a tarefa de enriquecer, eles disseram, quando ela pode ser fácil? Eles tinham razão, compreendi. Contanto que você saiba o que fazer e possa se preparar para fazê-lo "automaticamente", qualquer um pode se tornar Automaticamente Milionário.

A sessão com os McIntyres foi um momento decisivo em minha vida. Ela me fez compreender um passo essencial para criar uma mudança duradoura e positiva na forma de lidar com dinheiro.

AUTOMATIZE!

Como resultado do que aprendi nesse dia com os McIntyres, automatizei tudo que fazia em termos financeiros. E sabe de uma coisa? Funcionou. Hoje, eu também sou Automaticamente Milionário.

AGORA É SUA VEZ

A história dos McIntyres e como eles ficaram ricos sem disciplina fazendo fortuna devagar e com consistência pode se tornar a sua história. Para descobrir como, vire a página e continue a ler. Você está a algumas horas de um novo jeito de pensar e uma nova forma de cuidar de seu suado dinheiro.

Você está a caminho de se tornar Automaticamente Milionário.

CAPÍTULO DOIS

O FATOR LATTE
Tornando-se Automaticamente Milionário com Apenas Alguns Dólares por Dia

"O problema não é quanto ganhamos… mas quanto gastamos!"

Então, onde começamos?

Provavelmente não onde você imagina.

A maioria das pessoas acha que o segredo para ficar rico está em encontrar novos meios para aumentar sua renda o mais depressa possível. "Se eu conseguisse ganhar mais dinheiro", afirmam, "eu ficaria rico". Quantas vezes você ouviu alguém dizer isso? Bem isso não é verdade. Pergunte a alguém que recebeu um aumento no ano passado se conseguiu aumentar suas economias. Em quase todos os casos, a resposta será não. Por quê? Porque, com frequência, **quanto mais ganhamos, mais gastamos**.

Temos muito a aprender com os McIntyres, mas se há uma coisa que devemos absorver da história do casal, é isso: *O quanto você ganha não tem quase nada a ver com a possibilidade de ficar rico ou não.* Lembre-se do que Jim McIntyre me contou: ele nunca falava sobre quanto ganhava no trabalho ou com seus investimentos. Segundo ele, o segredo para progredir financeiramente é observar as pequenas coisas — pequenos hábitos de consumo que você tem, mas sem os quais ficaria em melhor situação.

A maioria das pessoas tem dificuldade em acreditar nisso. Por quê? Porque aprenderam o contrário. Vivemos em uma sociedade em que é quase um ato patriótico gastar até o último centavo de nosso salário. Na verdade, costumamos gastar nossos aumentos antes mesmo de recebê-los. Marqueteiros sabem disso; eles lançam anúncios em novembro e dezembro especialmente planejados para fazer as pessoas gastarem seu bônus de fim de ano. Até o governo promove essa ideia. O jeito de impulsionar a economia, dizem os políticos, é reduzir impostos — tendo em mente que se puserem um pouco mais de dinheiro nos bolsos das pessoas, elas naturalmente vão gastá-lo.

Infelizmente, temos um problema aqui. Se você vive sempre à espera do próximo salário e gasta tudo que ganha, na verdade está participando de uma corrida impossível de ser vencida.

Veja como é essa corrida:

TRABALHAR... GANHAR DINHEIRO... GASTAR DINHEIRO...
TRABALHAR... GANHAR DINHEIRO... GASTAR DINHEIRO...
TRABALHAR...

Observe como sempre se volta ao TRABALHAR. É uma esteira rolante que não para de funcionar. Algumas pessoas chamam a isso de "competição feroz". É uma corrida na qual as pessoas se matam trabalhando de 40 a 50 horas por semana ou mais — e acabam com quase nada porque no fim do mês o salário já foi gasto.

É um círculo vicioso injusto e você não quer cair nele. Se já entrou nele, quer sair... depressa. Quando você gasta tudo que ganha (ou, pior, gasta *mais* do que ganha) fica sujeito a uma vida de estresse, medo, incerteza, dívidas e, ainda pior — falência e ameaça de pobreza no futuro.

VOCÊ ESTÁ GANHANDO MAIS...
E POUPANDO MENOS?

Ao longo dos anos, tenho observado pessoas que amo aumentarem seus ganhos, mas geralmente não sua liberdade. Tenho um amigo que trabalhou arduamente e viu sua renda passar de US$50 mil para mais que US$500 mil por ano. Porém, embora seu estilo de vida tivesse acompanhado o aumento de renda, o mesmo não ocorreu com a poupança. Ele usa roupas mais caras, dirige carros melhores, frequenta bons restaurantes, compra em lojas chiques, faz viagens internacionais, mas realmente não está mais rico. Na verdade, ele está mais estressado hoje do que há dez anos porque tem que sustentar um estilo de vida caro — como a afiliação a um clube de campo, uma babá, escolas particulares para os filhos e uma hipoteca elevada — e não consegue se imaginar vivendo sem isso. Ele tem um sucesso que a maioria dos norte-americanos só vê nos sonhos, mas na realidade foi pego na mesma competição feroz que uma pessoa que ganha só uma parcela de seu salário.

E você? É possível que você esteja ganhando mais do que há dez anos. Mas está poupando mais? Está progredindo ou correndo ainda mais só para manter o equilíbrio? Sua renda o está ajudando a ficar mais ou menos livre?

POR QUE A MAIORIA DOS NORTE-AMERICANOS POUPA TÃO POUCO

Além do investimento feito em um imóvel, a maioria dos nor-te-americanos realmente não tem economias para mostrar. Em média, a maioria tem menos que o equivalente a três meses de despesas no banco.

Por que tão pouco? A resposta é simples. Como os pais de Jim e Sue lhes ensinaram, a maioria das pessoas gasta muito em "pequenas coisas". Coloquei "pequenas coisas" entre aspas porque a frase é enganadora. As ditas pequenas coisas nas quais desperdiçamos dinheiro todos os dias somam-se rapidamente e se transformam em quantias capazes de mudar nossa vida e por fim, custar nossa liberdade.

SÓ DÍVIDAS PARA PAGAR...
E LÁ VOU EU TRABALHAR

Não precisa ser assim. A maioria de nós não pensa realmente em como gastamos nosso dinheiro — e, quando o fazemos, costumamos nos concentrar apenas nos itens caros e ignoramos as pequenas despesas diárias que esgotam nossos recursos. Não pensamos em quantas horas trabalhamos duro para ganhar o salário que gastamos de forma tão descuidada nessa ou naquela "pequena coisa". Até pior, não nos damos conta de quanta riqueza poderíamos ter se, em vez de desperdiçar nossa renda, tivéssemos investido ao menos uma pequena parte dela.

Ao entender o que chamo de Fator Latte, tudo isso mudará. Como os McIntyres, você vai ficar ciente do quanto está desperdiçando em "pequenas coisas" — e como redirecionar todo esse dinheiro perdido para ajudá-lo a construir fortuna. Não importa se você ganha o que considera um salário modesto. Independentemente do tamanho de sua renda, ao usar o Fator Latte começará a construir uma riqueza real e, por fim, mais liberdade.

Resumindo, com a ajuda do Fator Latte, você finalmente começará a fazer o que os ricos fazem — **colocar seu dinheiro para trabalhar por você, em vez de trabalhar por ele**.

"Um latte recusado é dinheiro guardado."

— Revista *People*

Nos últimos anos, o Fator Latte passou a ser uma metáfora reconhecida no mundo para como fazemos nossas fortunas desaparecer em pequenas coisas sem mesmo perceber. A ideia foi apresentada em revistas e jornais e em programas de televisão e rádio de todo o mundo. É possível que você a tenha visto discutida em um artigo da *People*, lido a respeito na *USA Today*, *Business Week* ou *Family Circle*. Conversei sobre ela com a apresentadora do *The Oprah Winfrey Show*, com Barbara Walters no *The View* e a demonstrei no programa *Today*, da NBC e na CNBC e CNN.

Antes de entrarmos em detalhes sobre o Fator Latte e o poder que ele pode exercer em sua vida, é importante entender uma coisa. Para se tornar Automaticamente Milionário, é preciso aceitar a ideia de que, não importa o valor de seu salário, é provável que você já ganhe o suficiente para ficar rico. Nunca é demais falar sobre a importância de acreditar nisso — não só racionalmente, mas também em seu coração. É um momento de descoberta que mudará a sua vida financeira de fato.

O QUE É O FATOR LATTE?

O Fator Latte se baseia em algo que realmente aconteceu comigo há cerca de dez anos. Certo dia, nos quinze minutos finais da última aula de um curso de investimentos de quatro semanas que eu estava dando, uma jovem chamada Kim ergueu a mão e disse algo que me intrigou.

"David," ela disse, "as suas ideias são boas na teoria, mas não têm nada a ver com a realidade."

Naturalmente, não gostei do que ouvi. "O que você quer dizer?", perguntei. "Por que está dizendo isso?"

"Eu explico", Kim respondeu. "Você faz a ideia de poupar dinheiro parecer fácil, mas isso é impossível. Você fala de poupar de cinco a dez dólares por dia como se não fosse importante. Bem, para mim, isso *é* importante. Na verdade, é impossível. Estou sempre à espera do próximo salário. Mal consigo pagar as contas no fim do mês. Então, como poderia poupar de cinco a dez dólares por dia? É totalmente irreal."

POSSIBILITANDO O IMPOSSÍVEL

Com praticamente todos os presentes na classe concordando, deixei o plano de aula de lado e decidi dedicar o resto do tempo para responder a pergunta de Kim.

"Kim", comecei, "como há outras pessoas na classe com as mesmas dúvidas, vamos analisar o que você disse. Quer me ajudar aqui?"

"Claro", Kim respondeu.

"Ótimo", eu disse. Virei-me para a lousa e peguei um pedaço de giz. "Vamos analisar suas despesas em um dia comum. Conte-me tudo o que faz durante o dia."

"Bem, vou para o trabalho e respondo às mensagens do dia anterior..."

"Espere", interrompi. "E antes de chegar ao escritório? Você começa o dia com um café?"

A mulher sentada ao lado de Kim olhou para ela e riu. "Kim sem café de manhã", ela disse, sacudindo a cabeça, "não é muito seguro".

Kim cutucou a amiga e virou-se para mim. "Sim, começo o dia com um café."

"Ok", respondi. "Você faz o café em casa ou o toma no escritório, de graça?"

Logo descobrimos que Kim costumava tomar um café na Starbucks todas as manhãs. Na verdade, ela e a amiga iam juntas. Era o momento especial das "garotas" que se proporcionavam.

"Ótimo", falei. "Então, você toma um café simples?"

"Bem, não", Kim respondeu. "Sempre peço um latte duplo com leite desnatado."

Assenti, pensativo. "Estou curioso. Quanto custa esse latte duplo com leite desnatado todas as manhãs?"

"US$3,50" ela contou.

"E isso é tudo, Kim? Você come alguma coisa com o café? Um *bagel*, talvez?

"Na verdade, eu como um muffin."

"Ótimo. E quanto custa?"

"US$1,50", a amiga de Kim informou. "Eu sei, porque também peço um!"

Toda a classe riu. Quando as gargalhadas diminuíram, um sujeito na frente da classe se virou e perguntou, "Desde quando um muffin custa US$1,50?"

"Bom, eles são diet", Kim falou.

Todos riam outra vez. Até Kim.

Enquanto isso, virei-me para o quadro-negro e anotei o seguinte:

Latte Duplo Light	$3,50
Muffin Diet	$1,50
Total	$5,00

"Interessante", falei, olhando para Kim. "Mesmo antes de chegar ao escritório já gastou cinco dólares. Certo, vamos continuar."

Kim pareceu aborrecida. "Olhe, todo mundo faz isso", ela falou. Não é tão importante. Puxa, me dá um tempo. Eu trabalho duro e mereço me presentear uma xícara de café".

Ergui as mãos, fingindo me render. "Não é tão importante, Kim. Vamos continuar, certo? O que mais você faz durante o dia?"

Kim me olhou por um momento e então continuou seu relato. "Bem, faço uma pausa às 10h, geralmente com alguns amigos e tomamos um suco."

"Ah, é? E quanto custa o suco?"

"Bom, ele custa US$3,95."

A amiga de Kim se manifestou de novo. "Sim, e geralmente você também adiciona aquela coisa para turbinar o cérebro. Um tal de Kinko não sei o quê."

"Não é Kinko não sei o quê", Kim respondeu irritada. "É Ginkgo biloba, e está provado que melhora a oxigenação do cérebro."

"Bem, agora que sabemos que seu cérebro está oxigenado, só por curiosidade, quando custa adicionar o Ginkgo biloba à bebida?"

"Esse '*up* no suco' custa mais US$0,50", Kim informou, ainda olhando para a amiga.

"Pede algo para comer?" eu quis saber.

"Sim. Lá pelas dez costumo estar morrendo de fome. Afinal, a única coisa que comi foi aquele muffin diet."

"E o que você come?"

"Como uma barra energética que custa US$1,75." Kim olhou para mim, cruzou os braços como que me desafiando a fazer um comentário. "Certo?"

Assenti e voltei ao quadro-negro.

Latte Duplo Light	$3,50
Muffin Diet	$1,50
Suco	$3,95
"Reforço" para o Suco	$0,50
Barra de Cereais	$1,75
Total	$11,20

"Então, Kim", continuei, "você nem almoçou e já gastou mais que dez dólares. E, para falar a verdade, ainda não comeu nada!"

Agora a classe estava às gargalhadas. Inclusive Kim e a amiga.

Esperei as risadas diminuírem, e disse, "Sério, Kim, não precisamos analisar o resto de seu dia aqui. Você pode fazer isso depois. Minha intenção não é ridicularizar os seus gastos. Todos rimos porque sabemos que somos tão ruins em administrar nosso dinheiro quanto você. Talvez não queiramos admitir, mas todos gastamos pequenas quantias todos os dias e nunca pensamos o que isso significa. Mas eu vou lhe mostrar algo que vai surpreendê-los."

Peguei a calculadora. "Digamos, a título de exemplo, que hoje mesmo você comece a poupar. Não digo que você corte todos os seus gastos — só que você os diminua um pouco. Vamos supor que você possa poupar cinco dólares por dia. Podemos fazer isso? Só cinco dólares por dia, certo?"

Kim assentiu.

"Bem... quantos anos você tem?"

"Vinte e três", Kim informou.

"Ok, digamos que você deposite US$5 por dia em um plano de aposentadoria". Digitei alguns números na calculadora. "Isso soma US$150 por mês ou quase US$2 mil por ano. Calculando, por exemplo, um rendimento anual de 10%, que é a média apresentada pela bolsa de valores nos últimos 50 anos, quanto você acha que terá economizado até ter 65 anos?"

Kim deu de ombros. "Não sei", ela respondeu. "Talvez uns 100 mil?"

Sacudi a cabeça.

Kim começou a dar palpites. "Duzentos mil?"

"Tente de novo", falei.

"Quinhentos mil?"

"O que acha de US$1,2 milhão?"

Kim olhou para mim de olhos arregalados.

"E, na verdade, essa é uma estimativa baixa", eu disse. "Pelo que lembro, você trabalha para uma empresa que contribui [faz um match] para o plano de aposentadoria dos funcionários, certo?"

Kim assentiu.

"Bem, se a empresa colaborar com apenas 50% do que você paga, estará poupando perto de US$3 mil por ano. E quando você estiver com 65 anos, isso chegaria a…" — digitei mais alguns números na calculadora — perto de US$1.742.467!"

Nesse momento, vi uma lâmpada imaginária se acender acima da cabeça de Kim. "David", ela disse finalmente, "você está dizendo que **MEUS LATTES ESTÃO ME CUSTANDO QUASE US$2 MILHÕES?**"

Em coro, praticamente todos na sala (inclusive a amiga de Kim) olharam para ela e gritaram, "SIM!"

E assim, nasceu o Fator Latte.

E SE EU NÃO TOMAR CAFÉ?

O burburinho mal tinha diminuído, e um homem no fundo da sala ergueu a mão e perguntou, "Mas, David, eu não tomo café. Eu nunca gastaria todo esse dinheiro que ela gasta com lattes. Isso é ridículo."

Assenti. A reação era compreensível, mas ele não tinha entendido o recado. "Pessoal" falei para ele e para a classe, "não estamos falando só de lattes. E não estou censurando a Starbucks. Na verdade, eu mesmo vou lá de vez em quando. Nós estamos falando de como não nos damos conta do quanto gastamos com pequenas coisas e como, se pensássemos a respeito e mudássemos nossos hábitos só um pouco, poderíamos mudar nosso destino". Mais uma pessoa tinha uma dúvida. "Mas se os investimentos não renderem 10% ao ano como você calculou para Kim?"

"Não tem problema", respondi. "Suponhamos que você tenha um rendimento de apenas 6%. Você ainda acabará com algumas centenas de milhares de dólares economizados." Fiz mais algumas contas rápidas na calculadora. "No caso de Kim, seria um total de US$559.523. A questão aqui é que poupar pequenas quantias de dinheiro pode deixá-lo rico. Quanto antes começar, melhor."

Nesse momento, a aula já deveria ter terminado há muito tempo. E as pessoas ficaram para conversar. Parecia que de tudo que eu tinha ensinado nas quatro semanas anteriores o detalhe que realmente atingiu o objetivo foi o quanto os lattes matinais de Kim estavam realmente lhe custando. Enquanto meus alunos iam até seus carros conversando sobre quais seriam seus Fatores Latte, ocorreu-me que o Fator Latte provavelmente era algo que eu deveria contar outra vez.

Ao preparar a aula da semana seguinte, criei uma tabela para exemplificar o poder do Fator Latte. Eu a uso desde então. Veja o demonstrativo.

UM LATTE POR DIA AFASTA A APOSENTADORIA		
Um Latte por Dia	=	$3,50
Um Latte por Dia no Mês	=	$105,00
Um Latte por Dia no Ano	=	$1.260,00
Um Latte por Dia na Década	=	$12.600,00

Onde mais as pessoas desperdiçam dinheiro?

Que tal cigarros? Essas coisinhas não são só um risco à saúde, mas também um risco financeiro. Na cidade de Nova York, onde vivo, cigarros pagam um imposto tão elevado que um maço hoje custa mais que US$7,00. Mesmo assim, centenas de milhares de pessoas — principalmente jovens adultos — os compram todos os dias.

UM MAÇO DE CIGARROS POR DIA... É AINDA PIOR		
Um Maço no Dia	=	$7
Um Maço por Dia no Mês	=	$210
Um Maço por Dia no Ano	=	$2.520
Um Maço por Dia na Década	=	$25.200

Eu poderia continuar indefinidamente, mas esses dois exemplos são suficientes. E, mais uma vez, não estou criticando café ou cigarros. Estou só mostrando números. É pura matemática. E matemática básica (felizmente, porque não sou expert em matemática, nem você precisa ser).

Na verdade, não importa se você desperdiça dinheiro em café caro, água mineral (essa é engraçada), cigarros, refrigerantes, doces, sanduíches ou o que quer que seja — todos temos um Fator Latte. Todos jogamos nosso suado dinheiro fora em "pequenas" despesas desnecessárias sem nos darmos conta do valor que isso representa. Quanto mais cedo você descobrir qual é o seu Fator Latte — isto é, identificar essas despesas desnecessárias — mais depressa começará a eliminá-las. E quanto mais cedo fizer isso, mais dinheiro extra conseguirá poupar. E quanto mais dinheiro extra conseguir poupar, maior a fortuna que acumulará.

Observe o seguinte:

USE O PODER DO FATOR LATTE		
US$5 (custo médio de um latte e um muffin) x 7 dias = $35/ semana = aprox. $150/mês. Se você investir $150 por mês com um rendimento anual de 10%, acabará com		
1 ano	=	$1.885
2 anos	=	$3.967
5 anos	=	$11.616
10 anos	=	$30.727
15 anos	=	$62.171
30 anos	=	$339.073
40 anos	=	$948.611

Não é interessante? E se você se animar e disser, "Sabe, aposto que gasto dez dólares por dia em coisas de que realmente não preciso". Como ficaria o demonstrativo?

Se você investir US$10 por dia (ou US$300/mês) com um rendimento anual de 10% acabaria com		
1 ano	=	$3.770
2 anos	=	$7.934
5 anos	=	$23.231
10 anos	=	$61.453
15 anos	=	$124.341
30 anos	=	$678.146
40 anos	=	$1.897.224

Vamos tentar mais uma vez. E se você estiver em um relacionamento sério, casado ou morando junto e vocês dois olhassem para isso e dissessem, "Sabe de uma coisa — vamos pôr isso em prática. Vamos poupar 10 dólares por dia *cada um*". O que aconteceria?

Se você investir US$$20 por dia (ou US$600/mês) com um rendimento anual de 10%, acabaria com		
I ano	=	$7.539
2 anos	=	$15.868
5 anos	=	$46.462
I0 anos	=	$122.907
I5 anos	=	$248.682
30 anos	=	$1.356.293
40 anos	=	$3.794.448

Então, deixe que sua mente assimile esses dados. Analise esses números e pense a respeito. Acha que consegue cortar cinco ou dez dólares de seus gastos diários?

Acho que você concluirá que a resposta é sim. Lembre-se de que estamos falando só de poupar menos que o equivalente a menos de uma hora de trabalho para si mesmo todos os dias. Se você somar cerca de 90 mil horas de trabalho ao longo da vida (que é a média de uma pessoa comum), não deveria trabalhar uma hora por dia para si mesmo? No mínimo, é algo em que pensar.

AQUI NÃO HÁ TRUQUES

Ficar rico não exige mais do que se comprometer e manter um plano de poupança e investimento sistemático. Se você não é especialmente disciplinado, não se preocupe. Nos próximos capítulos, você aprenderá a "automatizar" seu plano, como os McIntyres fizeram. Por ora, só quero que você se concentre no fato de que não precisa ter ou ganhar muito dinheiro. Você só precisa decidir que merece ser rico. Você só precisa dizer para si mesmo, "Sabe de uma coisa? Eu deveria ter liberdade financeira. Outras pessoas a têm. Por que não eu? Por que não agora?"

SIM, MAS... SIM, MAS... SIM, MAS...

É aqui que entram os "sim, mas". O que é um "sim, mas"? É o que as pessoas fazem o tempo todo para racionalizar seu lugar atual na vida. E o engraçado (e triste) sobre os "adeptos do sim, mas" é que eles geralmente tentam com afinco encontrar meios de melhorar a situação — somente para responder "sim, mas".

Como saber se você é um adepto do "sim, mas"? Você provavelmente é um deles se agora estiver dizendo a si mesmo coisas como:

Sim, mas... Nunca vou conseguir um rendimento de 10% para o meu dinheiro.

Errado. Mais tarde, vou lhe contar como conseguir isso com o tempo. Continue a ler.

Sim, mas... com a inflação e tudo o mais, US$1 milhão não vai valer muito daqui a 30 anos.

Errado. Vai valer mais do que você imagina. E, certamente, vai valer mais do que nada — que é o que você terá se não começar a poupar agora.

Sim, mas... não há como poupar pequenas quantias e investi-las. É preciso mais dinheiro que isso para investir.

Errado. Hoje se pode criar planos de investimento automáticos com até um dólar por dia. Continue lendo.

Sim, mas... tenho certeza de que não desperdiço nenhum centavo e não há como poupar a quantia de que você está falando.

Ah, fala sério. Dê um cascudo na cabeça (de leve) e continue a ler. Isso não é verdade.

QUISERA TER VISTO ISSO ANTES

Observe esta última tabela e então começaremos a analisar como fazer o Fator Latte funcionar para você. Esta tabela é um dos maiores motivadores de poupança que já vi. De fato, gostaria que alguém a tivesse mostrado para mim quando estava no colégio. Se você for mais velho mostre-a a algum jovem que ama. Talvez você mude a vida dele para sempre.

O VALOR DO DINHEIRO NO TEMPO — Invista Agora, Não Depois

Billy Investindo com 15 Anos (Renda Anual 10%)			Susan Investindo com 19 nos (Renda Anual 10%)			Kim Investindo com 27 Anos (Renda Anual 10%)		
Idade	Investe $3K/a	Valor	Idade	Investe $3K/a	Valor	Idade	Investe $3K/a	Valor
15	$3K	$3.300,00	15			15		
16	$3K	$6.930,00	16			16		
17	$3K	$10.923,00	17			17		
18	$3K	$15.315,30	18			18		
19	$3K	$20.146,83	19	$3K	$3.300,00	19		
20		$22.161,51	20	$3K	$6.930,00	20		
21		$24.377,66	21	$3K	$10.923,00	21		
22		$26.815,43	22	$3K	$15.315,30	22		
23		$29.496,97	22	$3K	$25.461,51	23		
24		$32.446,67	24	$3K	$25.461,51	24		
25		$35.961,34	25	$3K	$31.307,26	25		
26		$39.260,47	26	$3K	$37.738,43	26		
27		$43.186,52	27		$41.512,27	27	$3K	$3.300,00
28		$47.505,17	28		$45.663,50	28	$3K	$6.930,00
29		$52.255,69	29		$50.229,85	29	$3K	$10.923,00
30		$57.481,26	30		$55.252,84	30	$3K	$15.315,30

O VALOR DO DINHEIRO NO TEMPO — Invista Agora, Não Depois

Billy Investindo com 15 Anos (Renda Anual 10%)			Susan Investindo com 19 nos (Renda Anual 10%)			Kim Investindo com 27 Anos (Renda Anual 10%)		
Idade	Investe $3K/a	Valor	Idade	Investe $3K/a	Valor	Idade	Investe $3K/a	Valor
31		$63.229,38	31		$60.778,12	31	$3K	$20.146,83
32		$69.552,32	32		$66.855,93	32	$3K	$25.461,51
33		$76.507,55	33		$73.54,53	33	$3K	$31.307,66
34		$84.158,31	34		$80.895,68	34	$3K	$37.738,43
35		$92.574,14	35		$88.985,25	35	$3K	$44.812,27
36		$101.831,55	36		$97.883,77	36	$3K	$52.593,50
37		$112.014,71	37		$107672,15	37	$3K	$61.152,85
38		$123.216,18	38		$118.439,36	38	$3K	$70.568,14
39		$135.537,80	39		$130.283,30	39	$3K	$80.924,95
40		$149.091,58	40		$143.311,63	40	$3K	$92.317,45
41		$164.000,74	41		$157.642,79	41	$3K	$104.849,19
42		$180.400,81	42		$173.407,07	42	$3K	$118.634.11
43		$198.440,89	43		$190.747,78	43	$3K	$133.797.52
44		$218.284,98	44		$209.822,55	44	$3K	$150.477,27
45		$240.113,48	45		$230.804,81	45	$3K	$168.825,00
46		$264.124,82	46		$253.882,29	46	$3K	$189.007,50

(continua)

52 | **Automaticamente Milionário**

(continuação)

O VALOR DO DINHEIRO NO TEMPO — Invista Agora, Não Depois

Billy Investindo com 15 Anos (Renda Anual 10%)			Susan Investindo com 19 nos (Renda Anual 10%)			Kim Investindo com 27 Anos (Renda Anual 10%)		
Idade	Investe $3K/a	Valor	Idade	Investe $3K/a	Valor	Idade	Investe $3K/a	Valor
47		$290.537,31	47		$279.273,82	47	$3K	$211.208,25
48		$319.591,04	48		$307.201,20	48	$3K	$235.629,07
49		$351.550,14	49		$337.921,32	49	$3K	$262.491,98
50		$389.705,16	50		$371.713,45	50	$3K	$292.041,18
51		$425.375,67	51		$408.884,80	51	$3K	$324.545,30
52		$467.913,24	52		$449.773,28	52	$3K	$360.299,83
53		$514.704,56	53		$494.750,61	53	$3K	$399.629,81
54		$566.175,02	54		$544.225,67	54	$3K	$442.892,79
55		$622.792,52	55		$598.648,24	55	$3K	$490.482,07
56		$685.071,77	56		$658.513,06	56	$3K	$542.830,27
57		$753.578,95	57		$724.364,36	57	$3K	$600.413,30
58		$828.936,84	58		$796.800,80	58	$3K	$663.754,63
59		$911.830,53	59		$876.480,88	59	$3K	$733.430,10
60		$1.003.013,58	60		$964.128,97	60	$3K	$810.073,11
61		$1.103.314,94	61		$1.060.541,87	61	$3K	$894.380,42
62		$1.213.646,43	62		$1.166.596,05	62	$3K	$987.118,46
63		$1.335.011,08	63		$1.283.235,66	63	$3K	$1.089.130,30

O VALOR DO DINHEIRO NO TEMPO — Invista Agora, Não Depois

Billy Investindo com 15 Anos (Renda Anual 10%)

Idade	Investe $3K/a	Valor
64		$1.468.512,18
65		$1.615.636,40

TOTAL INVESTIDO = $15.000
RENDA DE BILLY DEPOIS DO INVESTIMENTO = $1.600.363,40

Susan Investindo com 19 nos (Renda Anual 10%)

Idade	Investe $3K/a	Valor
64		$1.411.581,22
65		$1.552.793,35

TOTAL INVESTIDO = $15.000
RENDA DE SUSAN DEPOIS DO INVESTIMENTO = $1.528.739,35

Kim Investindo com 27 Anos (Renda Anual 10%)

Idade	Investe $3K/a	Valor
64	$3K	$1.201.434,33
65	$3K	$1.324.777,67

TOTAL INVESTIDO = $15.000
RENDA DE KIM DEPOIS DO INVESTIMENTO = $1.207.777,67

RENDA EM TODOS OS PRODUTOS DE INVESTIMENTO FLUTUARÃO. RETORNO DO INVESTIMENTO E VALOR PRINCIPAL FLUTUARÃO E O VALOR DE SEU INVESTIMENTO PODERÁ SER MAIOR OU MENOR QUE A QUANTIA ORIGINAL INVESTIDA.

BILLY INVESTIU $102.000 MENOS QUE KIM E TEM $290.585,73 MAIS!
COMECE A INVESTIR CEDO

A tabela mostra a força de depositar $3.000 ao ano em uma conta de aposentadoria e deixar que os juros compostos exerçam sua mágica. Explicarei contas de aposentadoria no próximo capítulo. Por ora, apenas analise os números — especificamente, a quantia relativamente pequena que deve ser investida em comparação ao quanto terá no final. Quando mostro esta tabela em meus seminários Fique Rico, muitas vezes as pessoas se espantam e dizem, "Se eu soubesse disso antes".

Bem, agora você sabe! O milagre dos juros compostos é uma ferramenta potente de Automaticamente Milionário para alcançar a riqueza.

ENCONTRANDO O SEU FATOR LATTE

Você pode pensar em seu Fator Latte e fazer estimativas a respeito ou pode anotar seus gastos reais e conhecê-lo de fato. Qualquer abordagem funciona. Conhecer os fatos provavelmente é melhor.

Para saber qual é realmente o seu Fator Latte, use o formulário do Desafio do Fator Latte na próxima página para acompanhar seus gastos de um dia. Leve este livro para todos os lugares a que for amanhã e anote cada centavo que gastar o dia todo.

Essa pode não parecer uma atividade importante agora, mas depois de partilhar a ideia com alunos, leitores e clientes por anos, posso lhe dizer que quando realmente colocado em prática, este exercício simples pode mudar sua vida. É espantoso ver, preto no branco, quanto você gasta — e em que — durante um único dia.

Há algo em ver os dados escritos em números frios e claros que poderá motivá-lo a fazer mudanças em seus gastos que normalmente não faria.

O DESAFIO DO FATOR LATTE

DIA _____ DATA _____

Item: O que comprei	Custo: O que gastei	$ Desperdiçado? (✓ para sim)
1		
2		
3		
4		
5		
6		
7		
8		
9		
10		
11		
12		
13		
14		
15		

Total de Meu Fator Latte: (Custo Total de Itens Marcados)

=

A MATEMÁTICA DO FATOR LATTE

Meu Fator Latte de um dia = _____

Meu Fator Latte de um mês = _____ (Fator Latte x 30)

Meu Fator Latte de um ano = _____ (Fator Latte x 365)

Meu Fator Latte de uma década = _____ (Fator Latte x 3.650)

SE EU INVESTIR MEU FATOR LATTER POR:

10 anos ele valeria = _____

20 anos ele valeria = _____

30 anos ele valeria = _____

40 anos ele valeria = _____

CALCULANDO SEU FATOR LATTE

Para calcular os números acima vá até www.finishrich.com. Clique em "calculators" e então em "Apply the Latte Factor".

GRÁTIS! MEU BRINDE PARA VOCÊ

Para ganhar uma caneca do Fator Latte, compartilhe sua experiência por e-mail para success@finishrich.com. Conte o que aconteceu quando você aceitou o desafio. Quanto dinheiro encontrou? O que aprendeu? Todo dia será escolhido um vencedor!

Como bônus adicional, você descobrirá que aceitar esse pequeno desafio é divertido. Durante o dia, você verá que as pessoas perguntarão o que está fazendo. A sua resposta ("Estou acompanhando o meu Fator Latte") poderá motivar uma conversa que, por sua vez, poderá fazer com que você ajude alguém a se tornar Automaticamente Milionário. Não seria fantástico? Afinal, é mais divertido ser rico com os amigos do que ser rico sozinho.

MONITORE E INVISTA SEU FATOR LATTE AUTOMATICAMENTE!

Quero que use primeiro a "abordagem da velha escola" com o Desafio do Fator Latte em que anota em um papel para onde vai o seu dinheiro (use o formulário na página 55). Essa é a melhor forma de começar depressa. Assim, por hoje ser tão fácil, também quero que use a tecnologia para monitorar suas despesas no longo prazo. Há muitos sites que lhe possibilitam monitorar tudo que gasta instantaneamente. **Mint.com** é o que mais me agrada. Eles facilitam muito a tarefa de monitorar totalmente e mostrar para onde vai todo o seu dinheiro. E ele pode ser configurado em poucos minutos. Esse tipo de coisa nunca foi tão fácil, motivo pelo qual milhões de pessoas usam sites como esse (inclusive eu).

Há também uma organização chamada Acorns.com que você deve verificar. Essa interessante nova empresa criou um aplicativo destinado a inspirá-lo a poupar automaticamente sempre que comprar algo. Ele o faz arredondando o valor gasto para cima e investindo o dinheiro extra em um portfólio de fundos de índice de baixo custo que você selecionar. Muitas vezes me perguntaram sobre uma forma automatizada de poupar o Fator Latte e acho que a Acorns.com pode ser a resposta.

RESPOSTAS A PERGUNTAS FEITAS COM FREQUÊNCIA

Antes de prosseguir, vou responder a algumas perguntas feitas com frequência sobre o Desafio do Fator Latte que ouvi ao longo dos anos.

Uma das perguntas mais comuns é (e juro que é verdade) *David, devo incluir itens que pago em dinheiro quando anoto os meus gastos?*

A resposta é sim.

E quanto a cartões de crédito e cheques? Sim!

E quanto a taxas de pedágio? SIM, SIM, SIM.

Anote tudo que você gasta. E tudo quer dizer tudo.

"AH, FALA SÉRIO — QUE IDIOTICE."

Há alguns anos, descrevi uma versão de sete dias do Desafio do Fator Latte em um programa de rádio de transmissão nacional — e o apresentador me disse que era a ideia mais idiota que já tinha ouvido. Suas exatas palavras foram, "Ah, fala sério — que idiotice".

Considerando que esse era um programa de rádio conhecido com grande audiência, fiquei um pouco chateado com o comentário negativo. "Fala sério, você!", respondi. "O que ela tem de idiota?"

Ele riu, zombeteiro. "Ora, David", ele falou, "é bonitinho e tudo o mais, mas vamos cair na real. Anotar os gastos durante sete dias? Pensar no seu Fator Latte? Dá um tempo. O meu público precisa de ideias reais, concretas. Não de truques bobos".

Aí comecei a ficar bravo. Eu disse, "Você quer algo real? Bem, o que acha disso? Que tal você realmente experimentar essa ideia idiota? Você anota suas despesas durante sete dias, eu volto em uma semana ao vivo aqui na rádio e você me conta se ainda acha a ideia idiota. Leve isso a sério e aposto 100 dólares que ela vai mudar a sua vida".

O apresentador me olhou e sorriu. "Fechado", ele respondeu. Pois bem, ele não me chamou na semana seguinte. Então eu liguei para ele. Ele ficou surpreso ao me ouvir, mas não tinha esquecido quem eu era ou nossa aposta. Encabulado, ele admitiu que aceitou o Desafio do Fator Latte. Ele confessou que ficou chocado. Veja, essa personalidade nacional do rádio que sabia tudo e queria ideias de investimento concretas para seu público me disse que o resultado de anotar as despesas por uma semana revelou que estava gastando 50 dólares por dia *apenas em refeições*. (Para quem acha difícil acreditar nisso, lembrem que ele morava em Manhattan e é muito fácil gastar essa quantia na cidade de Nova York.)

Mas o que realmente o impressionou foi a matemática. Depois de se dar conta de que tinha literalmente gasto mais que US$350 por semana em restaurantes, ele começou a fazer alguns cálculos básicos. "Você sabe o que isso significa?", ele perguntou. "Significa que gasto US1.400 por mês comendo fora. Em um ano, isso soma mais que US$16.800 em restaurantes. Você sabia que tenho menos que US$20 mil na poupança? Estou com quarenta e poucos anos e não coloquei um centavo no plano de previdência há mais de um ano porque acho que não tenho dinheiro suficiente. Ganho mais de US$100 mil por ano há uma década e não tenho nada para mostrar."

Ele me disse que, por causa do que tinha aprendido ao aceitar o desafio, tinha recomeçado a poupar para a aposentadoria. O Fator Latte atingiu seu objetivo.

Minha pequena brilhante ideia funcionou.

Por algum motivo, porém, ele nunca me convidou para o programa outra vez.

TALVEZ ELA NÃO SEJA TÃO IDIOTA?

Nesse momento, imagino que você esteja entusiasmado. Então, vamos ver o que pode fazer depois de descobrir seu Fator Latte e assumir o controle de seus gastos. O seu futuro mudará para sempre.

PARTINDO PARA A AÇÃO

Primeiro, quero cumprimentá-lo por ter lido até aqui. Você já leu mais páginas deste pequeno livro sobre dinheiro do que a maioria das pessoas leu durante toda a vida. Muito bem.

A partir daqui, cada capítulo terminará com uma série de **Etapas de Ação do Automaticamente Milionário**. Essas etapas resumirão o que acabou de ler e o motivarão a agir imediatamente com determinação. Lembre-se, inspiração não usada é só entretenimento. Para obter resultados novos, você precisa de novas atitudes. Para se tornar Automaticamente Milionário, precisa empregar o que aprendeu. A única forma de atingir o futuro financeiro que deseja é começar a criá-lo agora!

ETAPAS DE AÇÃO
DO AUTOMATICAMENTE MILIONÁRIO

Depois de rever as ações que apresentamos neste capítulo, aqui está o que deve começar a fazer de imediato para se tornar Automaticamente Milionário. Marque cada etapa à medida que a concluir.

❑ Reconheça que o importante não é quanto ganha, mas quanto gasta.

❑ Enfrente o Desafio do Fator Latte. Por um dia, leve este livro a todos os lugares e use o formulário na página 55 para anotar tudo o que gasta.

❑ Decida agora mesmo que você pode viver com muito menos e comece a poupar hoje.

❑ Estude as tabelas nas páginas 50 a 53 ou use o Calculador do Fator Latte em www.finishrich.com [conteúdo em inglês] para descobrir em segundos o quanto poupar alguns dólares por dia pode mudar a sua vida.

CAPÍTULO TRÊS

APRENDA
A PAGAR-SE
PRIMEIRO

Aqui está uma ótima notícia. Se o Fator Latte lhe mostrou que você já ganha o suficiente para começar a construir uma verdadeira riqueza, este capítulo o ajudará a agir. Por quê? Porque agora, de uma vez por todas, nos livraremos daquela coisa chata chamada orçamento.

Sei o que está pensando.

O objetivo principal do Fator Latte não é verificar o quanto eu gasto e descobrir onde cortar despesas? E isso não significa ter um orçamento?

Não. O objetivo do Fator Latte não é convencê-lo a obedecer um orçamento. É fazê-lo entender que já ganha o bastante para começar a poupar e investir. Ainda melhor, que já ganha o suficiente para ficar rico.

É HORA DE JOGAR FORA
O ORÇAMENTO

Agora que você se deu conta de que quase todo mundo ganha o bastante para se tornar Automaticamente Milionário (você entendeu, certo?), é hora de cuidar de outro equívoco que impede a maioria das pessoas de conquistar fortuna real — a ideia de que a solução para esse problema é elaborar um orçamento.

Por que tantas pessoas acham que precisam de um orçamento? Porque isso é o que as pessoas nos dizem. Provavelmente alguém lhe disse, "Faça um orçamento e tudo vai dar certo". Mas quem disse isso? Seus pais? Um professor? Seu cônjuge? Um especialista em finanças? Tenho certeza de que as pessoas que lhe deram esse conselho são bem intencionadas. Mas elas são ricas? São felizes e despreocupadas? Foram bem-sucedidas ao fazer um orçamento?

Duvido.

POUCOS NASCERAM PARA SEGUIR ORÇAMENTOS

O fato é que poucas pessoas nasceram para seguir orçamentos. E, verdade seja dita, se somos "orçadores natos", inevitavelmente nos apaixonaremos por compradores natos! E o seu orçamento escorrerá pelo ralo. Pronto. Vejo você um dia desses, Sr. Orçamento.

Se essa é a sua situação, não se preocupe. É perfeitamente normal. Quase todos os casais que conheci são assim. Infelizmente, se você gosta de orçamentos e se casa com um comprador, então não importa o quanto vocês se amam, vão brigar por causa de dinheiro. Os McIntyres brigavam por causa do orçamento e, no início do casamento, minha mulher e eu, também.

Então, qual é a moral da história? É a seguinte…

HÁ UM JEITO MELHOR DE FICAR RICO DO QUE COM UM ORÇAMENTO

Há um motivo simples para que orçamentos não funcionem no mundo real.

Eles não são divertidos.

E por não serem divertidos, são difíceis de seguir. Pense nisso. Em resumo, orçamentos o privam financeiramente hoje para um bem-estar futuro. Certamente é uma ideia responsável, mas como estratégia, é contrária à natureza humana. Ainda pior, vai contra as 3 mil mensagens publicitárias que o bombardeiam todos os dias e o estimulam a gastar cada centavo ganho.

Constantemente ouço os assim chamados especialistas dizerem coisas como, "Você precisa criar um orçamento realista para entretenimento, refeições fora, roupas, moradia, viagens, mercado…" etc. Tolice. É o mesmo que dizer às pessoas que o melhor jeito de emagrecer é anotar cada bocado que comer e contar as calorias.

Quantas pessoas você conhece que iniciaram uma dieta, ficaram obcecadas em contar calorias e quantos gramas de gordura havia em tudo que ingeriam (e também em tudo que *você* comia) e agora parecem ainda mais obesas que antes? A verdade é que esse tipo de dieta costuma não funcionar. Por quê? Porque a maioria das pessoas se cansa de contar calorias. Elas se cansam das privações.

Ocorre o mesmo com pessoas que iniciam dietas financeiras. Durante algum tempo, elas anotam cada centavo que gastam, mas então chega o dia em que não aguentam mais e caem em uma compulsão por compras. Não há como fugir disso. Qualquer sistema destinado a controlar seus impulsos humanos normais está fadado ao fracasso.

Os seres humanos não querem ser controlados. **Eles querem estar *no* controle.**

A diferença é enorme. Acredite, quando se trata de dinheiro, você deve controlá-lo. Nunca deixe que ele o controle. Assim, pegue esses orçamentos com os quais anda brigando e jogue-os no lixo. Se você ainda quiser manter um orçamento de suas despesas, é problema seu, mas acho que é perda de tempo e esforço. Em vez disso, vou falar sobre um sistema em que você para de se preocupar com orçamentos de uma vez por todas. É o sistema que os McIntyres e todos os Automaticamente Milionários que conheço usaram para enriquecer quase sem esforço.

Então eu pergunto, você está pronto para esse método simples?

SE VOCÊ TIVESSE FEITO APENAS ISSO, ESTARIA RICO

Conclusão. Sem Exagero. Sem oba-oba. Se quiser ficar rico, só precisa tomar a decisão de fazer algo que a maioria das pessoas não faz. E isso é PAGUE-SE PRIMEIRO.

A maioria das pessoas paga a todos primeiro quando ganham algum dinheiro. Elas pagam o aluguel, a fatura do cartão de crédito, a conta do telefone, os impostos do governo etc. Elas acham que precisam de um orçamento para ajudá-las a calcular quanto pagar aos outros para que no fim do mês — ou do ano, ou da vida profissional — elas tenham alguma "sobra" para se pagar.

Isso, meu amigo, é absoluta, positiva e financeiramente um retrocesso. E como o sistema não funciona, os norte-americanos acabam experimentando algumas formas muito estranhas para ficar ricos.

Quando as resumimos, encontramos basicamente seis caminhos para a riqueza neste país. Você pode obtê-la por meio de

- Loteria
- Casamento
- Herança
- Processo Judicial
- Orçamento OU
- Pagar-se Primeiro.

Vamos analisar rapidamente esses métodos.

Loteria: Você é capaz de adivinhar qual é o principal meio pelo qual o trabalhador norte-americano comum tenta ficar rico? Eles jogam na loteria. Desde 1964, quando a Loteria de New Hampshire foi lançada (depois acompanhada por 37 estados, o Distrito de Colúmbia, Porto Rico e as Ilhas Virgens Americanas), os norte-americanos desembolsaram mais que US$500 bilhões em bilhetes de loteria. Você consegue imaginar se esses mesmos dólares tivessem sido investidos em contas de aposentadoria? Deixe-me fazer-lhe uma pergunta: você alguma vez ganhou na loteria? Conhece alguém que tenha ganhado? Essa pessoa dividiu o prêmio com você? Pois é, foi o que pensei. Vamos descartar este.

Casamento: Isso está funcionando para você até agora? Há um ditado que diz que é tão fácil casar com uma pessoa rica quanto com uma pobre. Mesmo? A verdade é que pessoas que se casam por dinheiro geralmente acabam pagando por ele o resto da vida. Então, vamos deixar este de lado também — a menos, é claro, que você realmente se apaixone por alguém que tem dinheiro.

Herança: Nem vale a pensar neste, a menos que seus pais sejam ricos. E, mesmo que sejam, não é meio mórbido visitá-los nas festas, perguntar como estão e pensar "que saco" quando eles respondem "estamos ótimos"?

Processo Judicial: Este é realmente digno de nota hoje em dia. Mais que três quartos dos advogados do mundo atuam nos Estados Unidos e cerca de 94% dos processos judiciais dão entrada aqui. Parece que algumas pessoas acham que em vez de ganhar, poupar ou investir, uma melhor estratégia é encontrá-los, processá-los e arrancar-lhes o couro. Seja como for, esse não é um verdadeiro sistema com que se possa contar para ficar rico.

Orçamento: Você pode ser muito regrado, levar lanche de casa, recortar cupons de desconto e anotar todos os centavos que gasta, nunca se divertir, esquecer-se de viver por trinta anos na esperança de aposentar-se algum dia e começar a aproveitar a vida. Putz. Isso é horrível. Não é de surpreender que raramente funcione.

Isso lhe deixa uma única forma comprovada e *fácil* de ficar rico.

E ela é...

PAGUE-SE PRIMEIRO

É possível que você já tenha ouvido essa frase antes. O conceito de **Pague-se Primeiro** não é original e, certamente, não é novo. Eu o venho ensinando há anos e ele já estava em uso há muito tempo quando comecei. Como regra, sempre pergunto aos meus alunos se conhecem o conceito de Pague-se Primeiro. Em praticamente todas as aulas ou seminários que apresento, mais de 90% erguem as mãos. (Os outros 10% provavelmente também ouviram falar dele, mas são o tipo de pessoa que não erguerá a mão, não importa o que eu pergunte.)

Mas apenas ter ouvido falar sobre ele não significa que o esteja praticando. Antes de explicar em detalhes o que o conceito de Pague-se Primeiro significa e como usá-lo, quero que você se faça as perguntas abaixo e veja se sabe as respostas. Mais importante, verifique se está aplicando o que sabe.

VOCÊ SABE MESMO O QUE SIGNIFICA "PAGAR-SE PRIMEIRO"?

- Você sabe quanto deveria Pagar-se Primeiro?
- Você sabe onde investir o dinheiro com que se Paga Primeiro?
- Está seguindo o plano?
- O seu plano de Pagar-se Primeiro é AUTOMÁTICO?

Com base nas respostas a essas perguntas, sei de imediato se as pessoas têm um plano realista para ficar ricas. Na verdade, a maioria não tem.

Então, como você se saiu? Você está se Pagando Primeiro? Você sabe que porcentagem está se Pagando Primeiro? Você está aplicando o dinheiro no lugar certo? O seu plano de Pagar-se Primeiro é automático para que não precise recorrer a um orçamento ou preencher cheques à mão — nem mesmo pensar nisso — para poupar?

Se você conseguir responder a todas essas perguntas com um firme "sim", parabéns. Você é uma pessoa surpreendente. Você está fazendo mais que a maioria das pessoas jamais conseguirá para alcançar a liberdade financeira. Mesmo assim, continue lendo, porque este livro contém ideias que uma pessoa de ação como você usará para avançar ao próximo nível.

Por outro lado, se a resposta para algumas ou todas as perguntas foi "não", não desanime. Você é perfeitamente normal. **A maioria das pessoas não se paga primeiro; tampouco dispõe de um plano automático.** A maioria das pessoas só está esperando ficar rica. E esperar nunca funciona. Claro, talvez elas fiquem ricas por acaso. Elas podem ganhar na loteria. Ou podem ser atropeladas por um ônibus e entrar com um processo no valor de um milhão de dólares contra o município. Mas isso não é um plano.

E você quer um plano.

Assim, caso você não possa responder a todas as perguntas afirmativamente, não se preocupe. O resto do livro vai lhe mostrar a coisa certa a fazer.

O QUE SIGNIFICA "PAGAR-SE PRIMEIRO"

Pagar-se Primeiro significa simplesmente o que diz. Quando você ganha um dólar, a primeira pessoa a pagar é você. A maioria das pessoas não faz isso. Quando a maioria das pessoas ganha um dólar, a primeira pessoa que paga é o Tio Sam. Elas ganham o dólar e antes mesmo que ele apareça no salário, pagam ao governo cerca de 27 centavos em impostos federais retidos na fonte (às vezes, mais). Então, dependendo do estado em que moram, pagam uma média de mais cinco centavos em impostos estaduais. Além disso, há as contribuições à Previdência Social, Assistência Médica e Seguro--Desemprego. No fim, elas acabam pagando primeiro ao governo de 35 a 40 centavos de seu arduamente conquistado dólar. *Parece que todo mundo está sendo pago, menos a pessoa que ganhou o salário.*

NEM SEMPRE FOI ASSIM

Nem sempre o governo abocanhava uma parte do seu salário antes mesmo de você vê-lo. Até 1943, as pessoas ganhavam o salário pelo qual trabalharam e só pagavam o imposto de renda na próxima primavera. Contudo, do ponto de vista do governo esse sistema apresentava um problema. Não se podiam contar com que as pessoas reservassem dinheiro suficiente em seu orçamento para pagar os impostos meses depois quando a conta chegava.

Pense no assunto por um momento. O governo é inteligente. Ele concluiu anos atrás que as pessoas não sabiam lidar com um orçamento então criou um sistema que garantiu que ele fosse "pago primeiro". Ele não só arranjou para ser pago primeiro, como *automatizou o processo* para que não houvesse nenhuma falha. Ele descobriu uma forma praticamente infalível para garantir que sempre receberia seu dinheiro. E fim de papo.

Esse fato é muito importante. É tão importante que eu gostaria que você relesse os dois últimos parágrafos e depois pensasse em que significam. Se o fizer, o resto do livro será fácil. Porque você fará exatamente o que o governo descobriu que teria que fazer para manter o dinheiro entrando em caixa. Ele criou um sistema que sempre funcionaria com as pessoas comuns — um sistema baseado em como as pessoas realmente são, não em como elas acham que deveriam ser. Na verdade, é brilhante. Agora você precisa fazer o mesmo. **Você precisa criar um sistema que garanta que você seja pago — um sistema em que você se Pague Primeiro AUTOMATICAMENTE.**

A boa notícia é que você pode fazê-lo e é fácil.

NÃO PAGUE O GOVERNO PRIMEIRO

Se houvesse uma forma legal para evitá-lo, por que cargas d'água você permitiria que o governo tirasse o primeiro naco do seu salário? Lembre-se, o Tio Sam se apodera de cerca de 30 centavos de cada dólar que você ganha. Com isso, restam apenas 70 centavos para gastar EM TODO O RESTO, incluindo planos de aposentadoria e investimentos. Complicado, não é? Isso é encolhimento da renda, com certeza.

É por esse motivo que tantas pessoas têm dificuldade em pagar as contas no fim do mês. Digamos que você tenha um salário de US$50 mil por ano. (Isso é um pouco mais que a pessoa comum ganha, mas vamos usá-lo como base para simplificar nossos cálculos.) Como você paga ao governo primeiro, não está realmente recebendo US$50 mil. Você ganha cerca de 70% desse valor — ou US$35 mil. Esse é todo o dinheiro que você tem para pagar as contas e tentar fazer um pé-de-meia. Não é muito, não é mesmo? Não é de surpreender que tantas pessoas pensem que precisem seguir um orçamento.

O SEGREDO ESTÁ NO FLUXO DE SEU DINHEIRO

Você tem o direito legal de evitar impostos federais e estaduais que incidem sobre seu salário. A palavra-chave é "legal". Legalmente, você pode Pagar-se Primeiro e não ao governo, simplesmente usando o que chamamos de conta de aposentadoria sem dedução de impostos. Há diversos tipos dessas contas, como o 401(k), o 403(b), as IRA [Individual Retirement Account — Conta de Aposentadoria Individual) e SEP IRA [Simplified Employee Pension [Acordo de Aposentadoria Individual Simplificado de Pensão do Funcionário]*. Falaremos deles em detalhes mais adiante.

QUE VALOR DEVO ME PAGAR PRIMEIRO?

A pergunta mais comum sobre Pagar-se Primeiro é "Quanto?" A resposta é simples, mas para que ela fique bem clara, vou lhe contar uma história.

---

* No Brasil, temos planos de previdência privada semelhantes, como o PGBL e VGBL, que também oferecem benefícios fiscais. [N. da T.]

AS PESSOAS PARA QUEM TRABALHA
ESPERAM POR VOCÊ EM CASA

Enquanto estava dirigindo na via expressa a caminho de casa, vi um outdoor que dizia, "As pessoas para quem trabalha esperam por você em casa". Primeiro, ele me fez rir. Depois, me fez pensar.

Por mais que nossos empregadores queiram que acreditemos o contrário, o motivo pelo qual vamos para o trabalho todas as manhãs não é a declaração da missão da empresa ou atender ao cliente. É, na verdade, nós mesmos. Quando pensamos a respeito, a razão pela qual quase todos nós vamos trabalhar é cuidar de nós mesmos e de nossas famílias. Vamos trabalhar para proteger a quem amamos. Todo o resto é secundário. Nós somos nossa prioridade.

Somos mesmo? O fato é que não somos criados para nos colocar em primeiro lugar. Somos criados para ser generosos. Somos criados para dividir. Somos criados para ajudar os outros.

Esses são valores incríveis e acredito neles. Mas também acredito em algo mais: no velho ditado que diz que o Senhor ajuda a quem ajuda a si mesmo. Acredito que ele contenha uma verdade atemporal. Assim, antes de começar a elaborar um plano financeiro, vamos nos concentrar nessas questões: estamos nos ajudando? Você está se ajudando? Você está REALMENTE trabalhando para si mesmo?

Não estou perguntando se você é autônomo. Estou perguntando se realmente está trabalhando em seu benefício e no de sua família quando sai para o emprego todas as manhãs.

QUANTAS HORAS VOCÊ TRABALHOU NA SEMANA PASSADA?

Faça as contas. Preencha os espaços abaixo para descobrir para quem está trabalhando de fato.

SEMANA PASSADA TRABALHEI _____ HORAS.

GANHO $_____ POR HORA (BRUTO).

SEMANA PASSADA, SEPAREI $ _____ PARA A APOSENTADORIA.

ASSIM, SEMANA PASSADA, TRABALHEI _____ HORAS PARA MIM.

A última frase o intrigou? Você está se perguntando, "O que ele quer dizer com 'quantas horas trabalhei para mim na semana passada?'"

É muito simples. Para calcular quantas horas você trabalhou para si mesmo na semana anterior, pergunte-se quanto dinheiro poupou nessa semana. Se a sua resposta for zero, então você trabalhou zero horas para si mesmo na semana passada. Porém, se você poupou algo, divida a quantia que separou para a aposentadoria pela renda horária. Por exemplo, se sua renda antes dos impostos (também chamada de renda sem "descontos" ou renda "bruta") é de $25 por hora, em média, e você separou $50 na semana anterior, divida $50 por $25, com um resultado de 2 — ou seja, você trabalhou duas horas para si mesmo na semana passada.

A resposta obtida lhe dirá muito sobre o tipo de futuro que poderá ter. Por experiência própria, sei que a maioria das pessoas trabalha menos que uma hora por semana para si mesmas. E isso está longe de ser suficiente.

Analisemos uma pessoa que tenha uma renda anual de $50.000.

UMA PESSOA QUE TEM UMA RENDA ANUAL DE $50.000...

... ganha cerca de $1.000 por semana (calculando duas semanas de férias)

... ou cerca de $25 por hora (em uma semana de 40 horas).

Quanto ela deveria poupar por semana?

Como já vimos (e a experiência dos McIntyres nos mostrou), um bom parâmetro de poupança para ter em mente é entre 10% e 15% de sua renda bruta. Para simplificar, vamos ficar no meio termo e optar por 12,5%. Então, 12,5% de $1 mil é $125 — isto é, se você tem uma renda bruta de $1 mil por semana, deve poupar $125 por semana. Considerando uma semana de cinco dias, temos um total de $25 por dia.

Em outras palavras, você deve poupar o equivalente a uma hora de trabalho todos os dias.

Infelizmente, a maioria das pessoas nem chega perto de poupar essa quantia. Segundo o Departamento do Comércio dos EUA, o norte-americano comum poupa bem menos de 5% do que recebe. Em outras palavras, **a maioria de nós mal trabalha 22 minutos por dia para nós mesmos**. E um em cada cinco trabalhadores não trabalha um minuto sequer para si mesmo — ou seja, não poupa nada.

VOCÊ PODERIA ESTAR TRABALHANDO PARA O SEU FUTURO

Isso é muito desanimador. Por que você deveria se levantar, deixar a família, passar a maior parte das horas do dia cuidando dos negócios de outra pessoa e NÃO trabalhar nem uma hora por dia para si mesmo? Pois é, não deveria. E, a partir de hoje, espero que não o faça.

O que acabo de descrever deveria fazê-lo pensar. Talvez até o deixe zangado. Talvez você esteja pensando, "Puxa, isso é loucura. Eu deveria trabalhar mais horas para mim. Por que eu não trabalho uma hora por dia para mim? Por que não trabalho *uma hora e meia* para mim? Ou *duas horas*?"

O problema é que a maioria dos planejamentos ou aulas de educação financeira foca números e não a vida das pessoas. Em vez de pensar só em porcentagens de renda, pense nas horas de sua vida. Quantas horas planeja trabalhar para si mesmo este ano, e não para o seu empregador, o governo, as administradoras de cartões de crédito, o banco e todos os outros que querem uma parte do que você ganha? Quantas horas da semana você acha que vale o seu futuro? E hoje? **Quantas horas você quer passar hoje trabalhando para o seu futuro?**

Parece que uma hora por dia não é pedir muito em troca de um futuro promissor. Se você não estiver poupando essa parcela de seu salário agora, está trabalhando demais para os outros e não o bastante para si mesmo. Você merece mais.

ENTÃO, VAMOS COMEÇAR

Minha sugestão é simples. Começando hoje, trabalhe, pelo menos, uma hora por dia para si mesmo. Isso significa que você deve Pagar-se Primeiro para seu futuro destinando no mínimo 10% de sua renda bruta ao que chamo de uma conta de aposentadoria com benefícios fiscais.

Veja tudo o que precisa fazer (mais detalhes no próximo capítulo).

- Decida Pagar-se Primeiro para o seu futuro.
- Abra uma conta de aposentadoria.
- Deposite nela 10% de sua renda bruta.
- **Automatize-a.**

A PARTIR DE HOJE, ESTOU TRABALHANDO PARA MIM

Pense a respeito um pouco mais ou comprometa-se a fazê-lo acontecer. Veja como garantir que você comece a agir. Depois de anos conhecendo pessoalmente leitores de meus livros nos meus seminários, aprendi que as pessoas que anotam suas metas e planos geralmente acabam realizando muito mais do que quem não o faz. Assim, com isso em mente, pegue uma caneta e preencha o seguinte compromisso. Faça isso hoje, neste minuto, AGORA.

> ## O COMPROMISSO
> ## DO AUTOMATICAMENTE MILIONÁRIO
>
> Eu, _____ (escreva seu nome), por meio deste, comprometo-me a começar a trabalhar, pelo menos, uma hora por dia para mim mesmo nesta semana porque mereço.
>
> Assim, prometo que começarei a Pagar-me Primeiro _____% de minha renda bruta a partir de _____ (escreva a data).
>
> Assinado: _____

NÃO HÁ TRUQUES!

Digamos que amanhã você comece a tirar automaticamente 10% de seu salário bruto (antes dos impostos) e a depositá-lo em uma conta de aposentadoria. (Não se preocupe como; vamos explicar logo mais.) Como resultado desse processo simples e automático, você acumulará mais riqueza que 90% da população. Isso mesmo. Pagar-se Primeiro apenas 10% de sua renda o ajudará a acumular uma imensa riqueza.

Qual é o truque? Bem, para algumas pessoas, é a ideia de não ter esses 10% para gastar. Pense no Fator Latte. Vamos usar novamente o exemplo de alguém que ganha $50 mil por ano. Se esse for seu salário anual e você tirar 10% de cada pagamento antes que o governo abocanhe a parte dele, no final do ano você terá poupado $5 mil.

Então, se você não separou nenhum valor durante o ano, mas esperou até dezembro para obter essa quantia, qual a probabilidade de ter $5 mil em algum lugar? Bem pequena. Mas quando você se Paga Primeiro, você não espera. Os 10% são retirados do seu salário e investidos automaticamente mesmo antes que você os veja. Você não pode gastar o que não tem, certo?

Assim, quanto isto lhe custaria todos os dias?

Vejamos. Uma renda anual de $50 mil equivale a cerca de $4.200 por mês. Isso representa mais que $2 mil a cada quinzena (que é como a maioria das pessoas é paga). Assim, para poupar 10% disso, você teria que separar cerca de $200 a cada quinzena — ou $14 por dia.

Então, vejamos quanto lhe custará não se Pagar Primeiro. Se você investiu apenas $200 a cada duas semanas durante 35 anos em uma conta de aposentadoria que rende 10% ao ano, quanto você teria?

A resposta é que você teria mais que 1 milhão de dólares. Na verdade, *muito* mais.

A quantia exata é $1.678.293,78.

Isso é o que lhe custará se *não* se Pagar Primeiro.

POR QUE NÃO FARÁ MAL

Algumas pessoas lerão isso e dirão, "Separar 14 dólares por dia! Ele ficou doido? Não há condições de eu poupar 14 dólares por dia".

Se você é uma dessas pessoas, não se preocupe. É uma reação perfeitamente normal. Continue a ler.

No próximo capítulo, você verá que é mais fácil e tranquilo poupar essa quantia do que imagina. Para os impacientes, aqui vai um spoiler: se você depositar o dinheiro em uma conta de aposentadoria com isenção de imposto (algo que aprenderá logo adiante), poupar $14 por dia realmente reduz sua renda disponível em apenas $10 por dia. Não se preocupe, se isso parece não fazer sentido. O próximo capítulo deixará tudo muito claro.

A FÓRMULA DE "PAGUE-SE PRIMEIRO"

Ao longo dos anos, recebi uma quantidade incrível de mensagens de e-mail pedindo a fórmula do "Pague-se Primeiro". "Dez por cento são suficientes?", as pessoas perguntam. "Ouvi dizer que eu devo poupar 12%. Que tal mais? O que acontecerá se eu poupar 15% de minha renda?"

Aqui está a fórmula que uso agora. A vida das pessoas é diferente, mas isso lhe dará um parâmetro para o que buscar ou planejar.

Para ser...

Completamente Duro: Não se Pague Primeiro. Gaste mais do que ganha. Compre com o cartão de crédito e faça dívidas que não poderá pagar.

Pobre: Pense em se Pagar Primeiro, mas não ponha a ideia em prática. Gaste tudo o que ganha todos os meses e não poupe nada. Diga a si mesmo, "Algum dia...".

Classe Média: Pague-se Primeiro de 5% a 10% de sua renda bruta.

Classe Média Alta: Pague-se Primeiro de 10% a 15% de sua renda bruta.

Rico: Pague-se Primeiro de 15% a 20% de sua renda bruta.

Rico o Bastante para se Aposentar Cedo: Pague-se Primeiro, pelo menos, 20% de sua renda bruta.

E ISSO É TUDO?

Para ser franco, nem todos ficam tão atraídos pela ideia de se Pagar Primeiro quanto deveriam. Na verdade, ela irrita as pessoas. Talvez você seja uma delas. Talvez a sua cabeça esteja cheia de motivos pelos quais não pode se Pagar Primeiro. Talvez você esteja pensando, "Preciso mais que isso. Qual é o segredo da riqueza? Qual é o investimento em fundos mútuos ou ações que cuidarão de mim? Como consigo 10% ao ano investindo? Essa época já não acabou? Como compro um imóvel totalmente financiado? É desse tipo de conselho que preciso".

Acredite em mim. Nada o ajudará a acumular riqueza se não decidir se Pagar Primeiro. Nada. Você pode ler todos os livros, ouvir áudios sobre o assunto, assinar todos os boletins informativos existentes e nenhum deles vai levá-lo a algum lugar se permitir que o governo e todos os outros abocanhem uma parte do seu salário antes que você o receba. **A base da criação da riqueza é Pagar-se Primeiro.**

Na página 79, você se comprometeu a se Pagar Primeiro. Agora, precisa tomar duas decisões.

1. COMO fazê-lo?

2. ONDE aplicará o dinheiro?

O próximo capítulo é dedicado a responder a essas perguntas. Então, vamos lá. Sua opinião mudou. Agora, vamos ver como mudar seu modo de agir. Você está pronto para se tornar Automaticamente Milionário.

ETAPAS DE AÇÃO
DO AUTOMATICAMENTE MILIONÁRIO

Se há uma mensagem deste livro que deve assimilar, é a seguinte: **O segredo de criar uma mudança financeira duradoura é decidir Pagar-se Primeiro e então torná-lo Automático**. Se fizer essas duas coisas, nunca mais terá que se preocupar com dinheiro.

Parece simples? Pois é.

Revisando as etapas que descrevemos neste capítulo, aqui está o que você deve fazer agora mesmo para se tornar Automaticamente Milionário. (Mais uma vez, marque cada etapa concluída.)

❑ Esqueça orçamentos.

❑ Esqueça esquemas de enriquecimento rápido.

❑ Comprometa-se a se Pagar Primeiro.

❑ Decida se quer ser pobre, classe média ou rico, e escolha a porcentagem adequada a se Pagar Primeiro.

Agora, vire a página e aprenda a Automatizar o sistema.

CAPÍTULO QUATRO

COMO TORNÁ-LO AUTOMÁTICO

Talvez você já tenha ouvido tudo isso antes e já saiba quanto lhe custa *não* se Pagar Primeiro. Saber disso não mudou sua vida antes, então porque mudaria agora? Bem, a diferença é que agora você vai assumir o controle. Você vai Automatizar o Sistema.

Não há como fugir disso. Para que o Pagar-se Primeiro seja eficiente, **o processo deve ser automático**. O que quer que decida fazer com o dinheiro com que está se pagando — se vai depositá-lo em uma conta de aposentadoria, poupá-lo em uma reserva para emergências, colocá-lo em um fundo para a faculdade, guardá-lo para comprar uma casa, usá-lo para amortizar a hipoteca ou o débito do cartão de crédito — **você precisa de um sistema que não dependa de seguir um orçamento ou de ser disciplinado**.

Por ter trabalhado como consultor financeiro durante anos, sei que os únicos planos que funcionam são os automáticos. Os clientes me diziam o tempo todo, "David, sou superdisciplinado. Preencherei os cheques todos os meses e os enviarei para que você os invista". Isso nunca dura. A maioria das pessoas se paga primeiro dessa forma por uns três meses. Alguns chegaram aos seis meses. Em nove anos, tive apenas um cliente que preenchia os cheques manualmente e foi disciplinado o bastante para manter o hábito.

COMO OS AUTOMATICAMENTE MILIONÁRIOS CONSEGUIRAM

Jim e Sue McIntyre tornaram-se Automaticamente Milionários criando um sistema de Pagar a Si Mesmo que automaticamente os fazia poupar 10% de sua renda, mês após mês, durante mais que 30 anos. Isso não significa que tenham começado com 10%. No início, eles se pagavam apenas 4% de suas rendas. Depois, passaram a 5%. Mais um ano, e aumentaram a quantia para 7%. Eles levaram 4 anos para atingir 10%. Alguns anos mais tarde, decidiram realmente levar a coisa a sério e passaram a se pagar 15%.

Tudo isso foi possível porque eles nunca precisaram preencher os cheques pessoalmente. Como o plano era automático, não exigiu disciplina por parte deles, não consumiu seu tempo tampouco pediu muita consideração. Na verdade, a única decisão que tiveram que tomar foi quanto à porcentagem do salário que queriam se Pagar Primeiro. Eles o fizeram uma vez. A partir daí, tudo foi automático.

Como os McIntyres, eu também comecei aos poucos. Quando ouvi sobre o conceito pela primeira vez, fazia como a maioria das pessoas — tentava obedecer a um orçamento, me censurava quando falhava e então me esforçava no fim do ano para encontrar algum dinheiro para depositar na conta de aposentadoria só para me dar conta de que outro ano tinha se passado e eu não tinha progredido financeiramente.

Na verdade, comecei a me Pagar Primeiro só 1% de minha renda. Isso mesmo — apenas 1%. Eu estava com 20 e poucos anos e queria me certificar de que não me prejudicaria. Em três meses, compreendi que 1% era tão fácil que aumentei o valor para 3%.

Foi nessa época que conheci os McIntyres e disse a mim mesmo, "Agora chega — quero começar jovem e terminar rico".

Após nossa reunião, fiz um telefonema e aumentei a quantia poupada para 10%. Um ano depois, eu a aumentei para 15%. Hoje, minha mulher e eu nos esforçamos para nos pagar os primeiros 20% de nossa renda bruta. Isso pode parecer muito, mas como aumentei a quantia gradativamente ao longo de 15 anos, ela se tornou o nosso "novo normal".

Não estou contando minha história para me gabar. Eu a estou contando porque se você não está se Pagando Primeiro agora, provavelmente acha que não tem condições de fazê-lo e sei exatamente como se sente. *Eu me sentia assim.* Mas eu lhe digo, por experiência própria, que assim que você decidir se Pagar Primeiro e Automatizar o Processo, estará feito — e depois de três meses esquecerá o assunto. Você ficará surpreso com como é fácil aprender a viver com um pouco menos. E à medida que o tempo passa, fica cada vez mais fácil. Por quê? Porque antes que se dê conta, terá milhares e milhares de dólares na poupança. O que torna isso tão simples: você não pode gastar o que não tem no bolso.

Assim, mesmo que você ache que só pode começar com 1% de sua renda bruta, tudo bem — vá em frente e comece. Esse pequeno passo mudará seus hábitos e tornará a tarefa de poupar automática. E isso o colocará no caminho que o tornará rico.

SUA PRIORIDADE: COMPRAR UM FUTURO SEGURO PARA SI MESMO

Sei que agora você está motivado a agir. Você descobriu seu Fator Latte; calculou quantas horas por semana atualmente trabalha para si mesmo, e se comprometeu por escrito a trabalhar, pelo menos, uma hora por dia para si mesmo. Agora é hora de conseguir o futuro do Automaticamente Milionário que deseja. Então, vamos lá.

Como ter um futuro financeiro seguro? É simples. Você o compra. Você decide hoje que nunca dependerá do governo, de um empregador ou até de sua família para usufruir uma vida sem estresse após a aposentadoria. Você será uma daquelas pessoas que farão o que querem quando querem.

Você o conseguirá ao assumir o compromisso de investir o dinheiro com que Pagará a Si Mesmo *em seu futuro*. Pagar-se

Primeiro para seu futuro é a prioridade do Automaticamente Milionário. Para isso, elabore um sistema que reunirá recursos em sua conta de aposentadoria automaticamente. Nas próximas páginas, explicarei exatamente o que você deve fazer.

SE VOCÊ JÁ TEM UM PLANO DE APOSENTADORIA, USE-O!

Se você é empregado, tenho ótimas notícias para você: há excelentes chances de que o que falarei a seguir será FÁCIL. Digo isso porque centenas de milhares de empresas nos EUA oferecem aos funcionários contas de aposentadoria individual autodirigidas. Esses planos permitem que você deposite seu dinheiro em sua própria conta de aposentadoria pessoal *isenta de impostos.*

O plano de aposentadoria autodirigida mais comum é o 401(k). Ele é considerado o pai de todos planos de aposentadoria. Se você trabalha para uma organização sem fins lucrativos como uma escola ou hospital, talvez tenha a opção de escolher um plano semelhante chamado 403(b). (Os números e letras referem-se às seções do código fiscal que definiram os vários planos de aposentadoria.) Em resumo, ambos os planos oferecem as mesmas oportunidades.

Há seis motivos pelos quais você não deve perder a chance de se inscrever em um desses planos, caso se qualifique.

- Você não paga imposto de renda sobre o dinheiro depositado no plano ou sobre seu rendimento ao longo dos anos — nenhum centavo em tributos até o momento do resgate.

- Desde 2006, você pode depositar até $18 mil por ano (mais, se tiver mais que 50 anos e mais em anos futuros; veja detalhes na página 98).

- Você pode arranjar que seus depósitos sejam deduzidos automaticamente da folha de pagamento.

- São gratuitos (a maioria dos empregadores os oferece aos empregados sem custo).

- Você pode até receber DINHEIRO do empregador (muitas empresas oferecem-se para contribuir com metade do valor pago pelo funcionário) [o que se chama de Match].

- Ao contribuir para seu plano em cada pagamento, você usufruirá dos milagrosos benefícios dos juros compostos.

O PODER DE SER PAGO
ANTES DO GOVERNO

Como notamos no capítulo anterior, o governo normalmente abocanha cerca de 30 centavos a cada dólar que você ganha antes mesmo que o veja, deixando-lhe apenas uns 70 centavos. Mas quando você contribui para um plano de aposentadoria com imposto diferido, deposita o valor total. É assim que se passa à frente do governo. É isso que proporciona uma imensa vantagem aos investimentos com impostos diferidos em relação aos comuns. A tabela a seguir mostra esses benefícios.

O PODER DO INVESTIMENTO DIFERIDO

	Plano 401(k) de Aposentadoria (Bruto)	Investimento Comum (Tributável)
Renda bruta	$1,00	$1,00
Menos impostos	-0	-30%
Quantia disponível para investir	$1,00	$0,70
Mais renda anual	+10%	+10%
Saldo após 1 ano	**$1,10**	**$0,77**
Ganhos tributáveis?	Não	Sim

O PODER DO MATCH DO EMPREGADOR

	Plano 401(k) de Aposentadoria (Bruto com Match do Empregador)	Investimento Comum (Tributável)
Renda bruta	$1,00	$1,00
Menos impostos	-0	-30%
Quantia disponível para investir	$1,00	$0,70
Match comum do empregador	+25%	0
Quantia investida	$1,25	$0,70
Mais renda anual	+10%	+10%
Saldo após um ano	**$1,38**	**$0,77**
Ganhos tributáveis?	Não	Sim

Quanto você prefere ter após um ano — $1,10 ou $0,70? A resposta é fácil. Mas espere — ainda pode melhorar. Muitas empresas se oferecem a equiparar a contribuição do funcionário à aposentadoria [o match]. Se a sua é uma delas, o resultado será muito melhor.

Pense nisso — $1,38 vs. $0,77. É possível que você obtenha um aumento de quase 100% no valor líquido de suas economias usando uma conta de aposentadoria com benefícios fiscais! Isso é fantástico — e isso só no primeiro ano.

Dê uma olhada na tabela da página 93 e veja o que ocorrerá se você fizer isso durante mais tempo, com dinheiro real.

ENTRE NO JOGO

Toda a riqueza começa nos planos de aposentadoria com benefícios fiscais. Contudo, segundo um levantamento de novembro de 2002 realizado pela PlanSponsor.com, um entre quatro empregados norte-americanos qualificados para abrir contas de aposentadoria nem mesmo os subscrevem. Quando se trata de garantir o futuro, eles nem mesmo entram no jogo. Eles observam de longe. Se você é como eles, pense no dia de hoje como o dia da inscrição. Quando terminar de ler este capítulo, quero que ligue para o departamento pessoal da empresa e peça-lhe para que lhe consigam o que provavelmente chamam de pacote de inscrição em aposentadoria [retirement enrollment kit]. Se você trabalha para uma grande empresa, talvez possa acessar essas informações online por meio de seu site.

Muitas pessoas se enganam ao imaginar que se a empresa oferece um plano de aposentadoria 401(k), estarão automaticamente incluídos nele. ISSO NÃO COSTUMA OCORRER. Na maioria das empresas, você precisa se inscrever nele para participar.

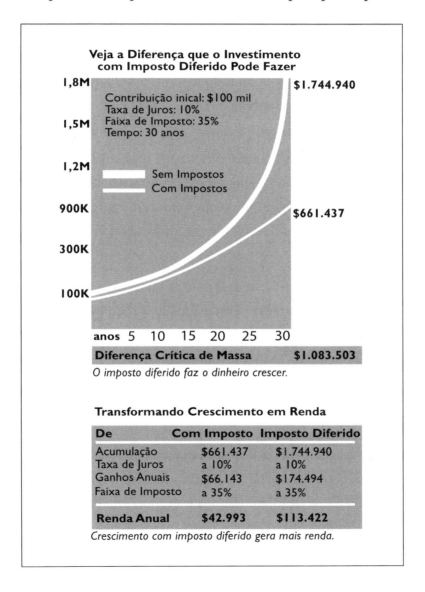

INSCRIÇÃO AUTOMÁTICA — VOCÊ A TEM?

A melhor coisa que aconteceu à poupança nos Estados Unidos desde que escrevi o livro original é que o país aderiu ao sistema do "automaticamente milionário" e começou a transformar a inscrição automática em um padrão em muitos planos 401(k). Isso significa que, se você trabalha para uma empresa que oferece esse tipo de plano, seu empregador pode tê-lo inscrito automaticamente nele quando conseguiu o emprego.

Esse é o fator positivo! O negativo é que a maioria das empresas que oferecem a inscrição automática paga uma taxa de poupança básica inferior a 4%, o que não é suficiente para você. Assim, se você trabalha para uma empresa que o inscreveu automaticamente, não pense que está tudo resolvido. Verifique qual é a taxa de juros paga — e aumente-a.

Saiba que há planos de aposentadoria que aumentam suas contribuições automaticamente a cada ano. Por exemplo, digamos que você está inscrito em um plano que paga uma taxa de juros de 5%; verifique a opção de "aumento automático". O sistema lhe pedirá para definir o período de tempo em que quer que ele aumente as contribuições automaticamente até atingir o nível máximo. Essa ótima função aumenta sua poupança automática e eu recomendo que você a use para ajudá-lo a aumentar sua poupança em 10% ou mais muito depressa. De fato, pesquisas mostram que as empresas que oferecem inscrição automática e proporcionam uma função de aumento automático veem os juros auferidos pelos empregados triplicar!

PEÇA OS FORMULÁRIOS DE INSCRIÇÃO

Contate o departamento pessoal da empresa e peça-lhe os formulários para se inscrever em uma conta de aposentadoria. Provavelmente eles lhe foram entregues na sua admissão — e como era um enorme maço de papéis, você os deixou de lado e disse "Não tenho tempo agora. Depois dou uma olhada".

Se foi isso que fez, peça novos. Explicarei o que fazer com eles no resto deste capítulo.

ESCOLHA UMA PORCENTAGEM... E A AUMENTE UM POUQUINHO

Agora que está com os formulários, decida que porcentagem do salário destinará à conta de aposentadoria em cada período. No pacote de inscrição, você encontrará um formulário que assinará para autorizar seu empregador a deduzir um valor de seu salário e depositá-lo na conta de aposentadoria. A maioria dos planos perguntará se você quer que seja deduzida uma porcentagem ou quantia em dinheiro pré-fixada. Se puder optar, *sempre escolha uma porcentagem*. Dessa forma, quando receber um aumento, a quantia que irá para a conta de aposentadoria automaticamente aumentará com ele.

Como já falamos, o ideal é poupar, pelo menos, o equivalente a uma hora de trabalho todos os dias. Em termos percentuais, isso será cerca de 10% de sua renda bruta.

Também falamos que é possível começar devagar, poupando uma porcentagem menor de sua renda no início e aumentando-a gradativamente até o ponto em que deseja estar. Então, como eu disse antes, mesmo que você conclua que só consegue poupar 1%, não deixe que isso o detenha. Qualquer coisa é melhor que nada.

Ao mesmo tempo, tente ser ambicioso. Afinal, estamos falando de seu futuro. Qualquer que seja o valor que imagina que pode Pagar-se Primeiro para o futuro — faça mais. Se você acha que tem condições de poupar 4%, poupe 6%. Se acha que consegue poupar 10%, poupe 12%. A maioria de nós tende a subestimar o valor que podemos dispensar. Como resultado, acabamos por nos pagar muito menos… e reduzir nosso futuro.

É MAIS FÁCIL QUE VOCÊ PENSA

Na verdade, a mordida real quase sempre é menos dolorosa do que se imagina. Para entender o motivo, pense na história que Jim e Sue McIntyre me contaram sobre a filha mais velha, Donna e seu marido, Mark. Inspirados no exemplo dos pais de Pagar-se Primeiro, Donna decidiu que ela e Mark deveriam depositar 10% de sua renda bruta em uma conta de aposentadoria com benefícios fiscais. Como os dois tinham uma renda anual de cerca de $50 mil, isso representava separar $5 mil por ano.

Mark certamente gostou da ideia de ter um futuro seguro, mas achou o plano de Donna louco. "Estamos vivendo de salário em salário", ele disse a ela. "Não há como poupar essa quantia. Isso representaria um corte de $5 mil por ano em nosso salário".

"Mas não precisamos fazer um corte de $5 mil", Donna respondeu. "Essa é a vantagem do investimento com benefícios fiscais."

"Você está dizendo que podemos poupar $5 mil por ano sem cortar esse valor de nossos salários?", Mark perguntou.

"Isso mesmo", Donna confirmou.

"Não acredito", Mark tornou, impaciente.

Donna levou algum tempo para explicar o esquema para o marido, mas quando terminou, Mark estava disposto a tentar. Espero que você também esteja. Veja o que ela disse.

"Normalmente ganhamos cerca de $50.000 por ano, certo?"

Mark assentiu.

"Errado. Juntos, pagamos cerca de 30% em impostos, o que significa que recebemos apenas mais ou menos $35 mil para gastar. Agora, aposto que você acha que se nos pagarmos primeiro $5 mil por ano, reduziremos esse valor para $30 mil."

Mark assentiu de novo, dessa vez com menos convicção.

"Errado outra vez. Lembre-se, estaremos nos pagando primeiro — *antes* de pagar ao governo. Ou seja, os $5 mil que estamos poupando sai do bruto. O que vai diminuir é nossa renda bruta, que cairá de $50 mil para $45 mil."

"Mas isso ainda são $5 mil", Mark protestou.

"Ainda não terminamos", Donna disse. "Vamos fazer as contas: $45 mil menos 30% em impostos nos deixa com uma renda gastável de $31.500. Antes, tínhamos uma renda líquida de $35 mil. Agora, temos $31.500. A diferença é $3.500 por ano, NÃO $5 mil."

Mark a fitou por um longo momento enquanto pensava. "Muito legal", ele disse, finalmente. "Poupamos $5 mil, mas nossa renda diminuiu apenas $3.500."

"Isso mesmo", Donna concordou. "E você sabe o que esses $3.500 representam? Com os dois salários, é cerca de $290 por mês. São só $145 por mês para cada um. Ou seja, menos que $5 por dia. Acho que podemos viver sem isso, concorda?"

Na verdade, Donna e Mark pararam de notar a diferença em sua renda líquida depois de alguns meses. E a experiência deles foi totalmente comum. Eu garanto — que depois que você começar a se Pagar Primeiro, em um mês estará totalmente acostumado a isso. A única diferença é que você perceberá como se sente bem por estar no caminho para se tornar Automaticamente Milionário. Essa alteração em sua vida financeira mudará seu destino financeiro.

AGORA, MAXIMIZE-O

Se você já se inscreveu no plano de aposentadoria da empresa, parabéns. Mas isso não quer dizer que sua participação terminou. Você precisa descobrir como o está usando. Está poupando 4%? É o que quase todas as pessoas fazem. Infelizmente, a maioria se aposenta pobre, dependente da Previdência Social ou da família para sobreviver. Você não é a maioria das pessoas.

Em um mundo perfeito, o modo mais rápido para enriquecer é APROVEITAR O PLANO AO MÁXIMO. Isso significa aplicar o máximo possível de acordo com as informações do empregador sobre as regras de seu plano. Veja qual é o máximo permitido com base na lei fiscal vigente:

LIMITES DE CONTRIBUIÇÃO DE PLANOS 401(K), 403(B), E 457[*]		
Ano	Máximo Permitido (se idade 49 ou menos)	Máximo Permitido (se idade 50 ou mais)
2016	$18.000	$24.000

Nota: Após 2016, os valores serão ajustados pela inflação em incrementos de $500.

Embora você possa se orientar por essa tabela, consulte o departamento pessoal. Caso a taxa de participação na sua empresa seja baixa (ou seja, seus colegas não se Pagam Primeiro), talvez o máximo de contribuição permitido seja menor. Então não faça suposições. Fale com o departamento pessoal *hoje*. E consulte o valor máximo a cada janeiro para aproveitar ao máximo os aumentos que tenham sido feitos.

O MAIOR ERRO DE INVESTIMENTO QUE VOCÊ PODE COMETER

A decisão de investimento mais importante que você toma é o quanto você se Paga Primeiro automaticamente na conta de apo-

---

[*] No Brasil, não há limites para contribuição e o empregador define a porcentagem. Porém, em termos de diferimento do IR, o limite é de 12% do total da renda bruta anual [N. da T.].

sentadoria. Além de comprar uma casa (que discutiremos depois), essa decisão será mais importante que qualquer outra para determinar se ficará rico ou não.

Tendo isso em mente, não será difícil identificar o maior erro de investimento que poderá fazer: não usar o plano e não aplicar nele a porcentagem máxima.

As pessoas que não levam a busca da riqueza a sério dizem:

- "Não posso poupar mais de 4% de minha renda."
- "Meu cônjuge inscreveu-se em seu plano, então não preciso me inscrever no meu."
- "Nosso plano não é bom, não vale a pena usá-lo."
- "Minha empresa não oferece o match nas contribuições previdenciárias, então não vale a pena me inscrever."
- "Investir em ações é tolice."
- "Pouparei uma porcentagem maior mais tarde."

Quem leva a construção da riqueza a sério diz:

- "Não importa o que aconteça, eu me Pagarei Primeiro."
- "Eu me Pagarei Primeiro, pelo menos, 10% da minha renda e tentarei contribuir com o máximo permitido à minha conta de aposentadoria."
- "Garantirei que meu cônjuge faça o mesmo."

- "Sei que quando os preços das ações caem, posso comprá-las a preços baixos… e isso é vantajoso."

- **"Sei que a hora para poupar para amanhã é sempre hoje!"**

OS AMIGOS DE JIM E SUE:
UMA DIFERENÇA DE $500.000!

Se você acha que estou sendo repetitivo ao falar sobre aplicar o máximo em seu plano de aposentadoria, pense na história que Sue e Jim McIntyre contaram sobre dois casais amigos. O caso me impressionou tanto que o conto há anos.

O primeiro casal, Marilyn e Robert, passaram 30 anos focados em aplicar dinheiro na conta de aposentadoria da empresa em que Robert trabalhava. Quando o empregador, uma empresa petrolífera, começou a oferecer um plano 401(k) que possibilitaria aos empregados aplicarem até 15% de sua renda, Robert e Marilyn acharam que deveriam aderir, mas não tinham certeza se poderiam retirar essa porcentagem do salário de Robert. No fim, Jim o aconselhou. "Robert", ele disse, "vocês *não* podem deixar de fazer isso. Sacrifique-se agora e você ficará satisfeito mais tarde". Com esse sábio conselho soando nos ouvidos, Robert optou pela contribuição máxima de 15%.

ALGUM DIA NUNCA CHEGOU

Ao mesmo tempo, os melhores amigos de Robert e Marilyn, Larry e Connie, estavam debatendo as mesmas questões. Larry tinha um emprego semelhante ao de Robert e os dois ganhavam mais ou menos a mesma quantia. Contudo, Larry e Connie tomaram uma decisão diferente. Depois de muita discussão, decidiram separar apenas 6% da renda de Larry. Eles concluíram que não podiam arcar com um valor maior e que aumentariam a porcentagem em algum momento no futuro... quando a situação melhorasse.

Vinte rápidos anos depois, quando Larry e Robert estavam com uns 50 anos, eles foram despedidos. Para Robert e Marilyn, isso não foi realmente um problema. Afinal, eles já estavam prontos para se aposentar e sabiam que tinham poupado o suficiente para fazê-lo com conforto. Robert tinha mais que US$935 mil em sua conta de aposentadoria.

Larry e Connie não estavam tão bem. Larry nunca chegou a aumentar a porcentagem da contribuição e tinha apenas US$450 mil em sua conta de aposentadoria — quase US$500 mil a menos que o amigo. Ele e Connie ainda tinham condições de se aposentar, mas nem de longe suas vidas seriam tão tranquilas quanto a de Robert e Marilyn.

Aprenda com o exemplo de Larry e Connie. Não cometa o erro que cometeram. Maximize sua contribuição para o plano de aposentadoria agora. *Faça apenas isso e mudará seu futuro financeiro para melhor.*

AUTOMATIZAÇÃO E JUROS COMPOSTOS EQUIVALEM A UMA SÓLIDA RIQUEZA

Além dos incentivos fiscais, além do "dinheiro extra" que você pode conseguir do empregador que colabora com as contribuições, o principal motivo pelo qual Pagar-se Primeiro em um plano de aposentadoria no trabalho é um método tão eficiente para criar riqueza é o fato de você **Torná-lo Automático**. Quando aderir ao plano da empresa, está feito. Você não precisa fazer nada. Sua contribuição é deduzida automaticamente de seu salário e automaticamente depositada na conta de aposentadoria. Como o processo é automático, as chances de que você continue a fazê-lo por um longo tempo são grandes. E, assim, você usufruirá dos benefícios de um fenômeno matemático que a maioria das pessoas não entende, mas que pode usar para ficar rico — o milagre dos juros compostos.

É o seguinte:

Com o tempo, o dinheiro se compõe [se acumula, se combina]. Com muito tempo, o dinheiro se compõe extraordinariamente!

Você não precisa acreditar no que eu digo. Analise a tabela a seguir que ilustra como o milagre da composição transforma uma quantia relativamente pequena, mas consistente, em uma riqueza digna de nota. Ela mostra quanto dinheiro você pode ganhar depositando $100 por mês ao longo de períodos variados com diversas taxas de juros.

104 | Automaticamente Milionário

Está vendo o que a composição faz? Em um período de 40 anos, um programa de poupança de $100 por mês somará um total de $48 mil. No entanto, mesmo a taxas de juros moderadas (por exemplo, 6% ao ano), você acabará com $200.145 — mais que quatro vezes a quantia que depositou. E a uma taxa mais alta (12%), você acabará com um pé-de-meia de aproximadamente *25 vezes* a contribuição total.

AUMENTO DA POUPANÇA COM DEPÓSITOS DE $100/MÊS

Dependendo da taxa de juros, colocar $100/mês em uma conta remunerada e deixar os juros compostos trabalharem pode criar um ótimo pé-de-meia

Taxa de Juros	5 Anos	10 Anos	15 Anos	20 Anos	25 Anos	30 Anos	35 Anos	40 Anos
$100/mês investidos a 2,0%	$6.315	$13.294	$21.006	$29.529	$38.947	$49.355	$60.856	$73.566
$100/mês investidos a 3,0%	6.481	14.009	22.754	32.912	44.712	58.419	74.342	92.837
$100/mês investidos a 4,0%	6.652	14.774	24.691	36.800	51.584	69.636	91.678	118.590
$100/mês investidos a 5,0%	6.829	15.593	26.840	41.275	59.799	83.573	114.083	153.238
$100/mês investidos a 6,0%	7.012	16.470	29.227	49.435	69.646	100.954	143.183	200.145
$100/mês investidos a 7,0%	7.201	17.409	31.881	52.397	81.480	122.709	181.156	264.012
$100/mês investidos a 8,0%	7.397	18.417	34.835	59.295	95.737	150.030	230.918	351.428
$100/mês investidos a 9,0%	7.599	19.497	38.124	67.290	112.953	184.447	296.385	471.643
$100/mês investidos a 10,0%	7.808	20.655	41.792	76.570	133.789	227.933	382.828	637.678
$100/mês investidos a 11,0%	8.025	21.899	45.886	87.357	159.058	283.023	497.347	867.896
$100/mês investidos a 12,0%	8.249	23.234	50.458	99.915	189.764	352.991	649.527	1.188.242

E SE A EMPRESA NÃO LHE OFERECER
UM PLANO DE APOSENTADORIA?

Primeiro, não desista. O fato de seu empregador não oferecer um plano de aposentadoria não significa que você nunca ficará rico. Significa apenas que para ficar rico terá que ser um pouco mais proativo. Mas não se preocupe. Você não levará mais que uma hora para fazer o que precisa. E o que é uma hora? Não é nada, comparada ao tempo que a maioria passa assistindo à televisão todas as semanas. Mas ela pode mudar a sua vida.

ESTA SEMANA, ABRA UMA CONTA DE
PREVIDÊNCIA PRIVADA INDIVIDUAL

Um IRA — ou Individual Retirement Account [Conta de Aposentadoria Individual] — é um plano de aposentadoria pessoal que quase todos podem adquirir em um banco, uma corretora ou até online. Como os planos 401(k) ou 403(b), um IRA não é um investimento em si. Em vez disso, é um "tanque de contenção" financeira ao que se pode fazer contribuições com imposto diferido de até $5.500 mil por ano ($6.500 ao ano se você está com 50 anos ou mais) com seu dinheiro do Pague-se Primeiro. Quando você contrata um IRA, primeiro decide quanto depositará e depois como investirá. (Muitas pessoas investem o dinheiro do IRA em um fundo mútuo. Mais detalhes adiante.)

Hoje há dois tipos de IRAs para considerar: o IRA tradicional e o Roth IRA. Leia, e descobrirá o porquê.

O IRA TRADICIONAL VS. O ROTH IRA

A maior diferença entre um IRA tradicional e o Roth está no fato de você pagar imposto de renda sobre o dinheiro da aposentadoria.

No IRA a contribuição é feita antes dos impostos.[**] Mas embora você não pague impostos sobre o dinheiro depositado na conta, deverá pagá-los em sua retirada. E você precisa sacar seu dinheiro quando atingir a idade de 70,5 anos.

No caso dos Roth IRAs ocorre o oposto. O dinheiro depositado é tributado. (Em outras palavras, suas contribuições não são dedutíveis.) E há limites de renda para quem pode usar o Roth IRA.[***] A vantagem desse plano é que contanto que seu dinheiro fique na conta por, pelo menos, cinco anos e você tenha mais que 59,5 anos, não pagará imposto na retirada. E, ao contrário do IRA tradicional, você não é obrigado pelo governo a começar as retiradas com a idade de 70,5.

[**] O IRA tradicional pode não ter deduções de impostos se você tiver um plano empresarial. Veja detalhes na IRS Publication #590.

[***] Se você ganha menos que $95 mil por ano ($150 mil para casais), poderá contribuir com até $4 mil por ano. Se ganha mais, a contribuição será menor. Se sua renda chega a $110 mil por ano ($160 mil para casais), não pode usar o Roth IRA.

COMO DECIDIR?

Escolher entre um IRA ou um Roth IRA se resume à questão de você querer pagar impostos de imediato ou mais tarde.

Muitos especialistas dizem que sempre é melhor tirar proveito da dedução de impostos inicial obtida em um IRA tradicional. Outros preferem o Roth IRA porque quando você atinge a idade da aposentadoria, terá uma renda isenta de impostos pelo resto da vida. Assim, qual é melhor — a dedução antes ou depois? No final, isso dependerá da faixa de impostos na qual você estará quando se aposentar, o que é impossível saber ao certo. O bom senso diz que você provavelmente estará em uma faixa menor, visto que não estará mais trabalhando. Mas quem sabe como serão as leis nessa época? Segundo a maioria das projeções de computador, se você estiver a quinze anos de quando planeja iniciar as retiradas da conta de aposentadoria, provavelmente estará em melhor situação com um Roth IRA. Mesmo assim, sem conhecer sua situação pessoal, é difícil afirmar *exatamente* que plano poderá ser o melhor para você.

Eu gosto da conta IRA tradicional porque a dedução de impostos facilita a tarefa de maximizar seu rendimento. Para contribuir $5.500 para um Roth IRA, precisará poupar $7 mil (se cair na alíquota de 25% ou mais) porque terá que pagar impostos sobre seus ganhos antes de usá-los para fazer a contribuição. Entretanto, se você acha que pode se esforçar e poupar o bastante para aplicar em um fundo Roth IRA — e ainda faltam mais de 15 anos para se aposentar — então esse plano é uma ótima opção porque quando parar de trabalhar, todo o dinheiro retirado estará livre de impostos! Além disso, caso você não consiga uma dedução de impostos no IRA tradicional porque está coberto por um plano do empregador, nem pense em fazê-lo. Prefira o Roth IRA.

Para mais informações, visite www.rothira.com [conteúdo em inglês]. É um site ótimo que faz comparações entre os planos tradicional e Roth IRA e também oferece links para vários artigos e outros sites que tratam do tema em detalhes.

E QUANTO AO PLANO ROTH 401 (K)?

Desde a publicação do livro original foi disponibilizado um novo tipo de plano 401(k) e 403(b). Ele se chama Roth 401(k) e faz praticamente o mesmo que o Roth Ira. O dinheiro investido vai para a conta com isenção fiscal (livre de impostos) e rende dessa forma até você resgatá-lo aos 59,5 anos ou mais, assim como um plano 401(k) comum. Contudo, quando você retira o dinheiro, as distribuições não são tributadas. Se você é jovem e paga pouco imposto, essa conta pode ser interessante para você. Caso pague uma alíquota de imposto mais elevada, eu ignoraria essa nova conta e continuaria com a versão normal. Assim, se você está com dificuldade em decidir, pode querer escolher o meio termo, em que 50% de sua contribuição é aplicada em um plano 401(k) com dedução fiscal e 50% em um plano Roth 401(k), cobrindo assim, as duas bases tributárias. Sei que é confuso, motivo pelo qual tão poucas pessoas estão usando esse novo plano até agora. Então, prometi as mais recentes atualizações e esta é uma mudança importante a ser conhecida. Finalizando, o plano Roth 401(k) não tem limites de renda, de modo que quem tem ganhos elevados pode usá-lo agora.

AUTOMATIZANDO O SEU IRA

Muitas pessoas subestimam o que um IRA (Roth ou tradicional) pode fazer por elas. Isso ocorre por que não entendem que essa é uma medida para se tornar Automaticamente Milionário — para que uma conta IRA realmente funcione na vida real é preciso **Torná-la Automática**.

Quando eu disse que não levará mais que uma hora para contratar um IRA, incluí o tempo necessário para automatizar o processo. Também inclui o tempo de ida e de espera para ser atendido. Você precisará de menos de quinze minutos para completar toda a documentação necessária para contratar um IRA. Na verdade, não é mais complicado que abrir uma conta-corrente.

ONDE ABRIR UMA CONTA IRA

Existem literalmente centenas de bancos, corretoras e empresas de fundos de investimento entre os quais escolher para ajudá-lo a contratar uma conta IRA Roth ou tradicional. A seguir, cito seis empresas que realmente facilitam o processo. As quatro primeiras são empresas grandes que oferecem serviços online com suporte telefônico, e todas ajudam a automatizar o processo em minutos. As duas últimas são novas no espaço online e menores e são chamadas de "robo-advisors" [consultores financeiros que fornecem consultoria financeira e gerenciamento de investimentos online com intervenção humana moderada a mínima]. Embora essa não seja uma lista ampla, pode ser tudo que você precisa para tomar uma decisão.

SE QUISER FAZER ISSO NO CONFORTO DE SUA CASA...

TD Ameritrade

1-800-454-9272

www.tdameritrade.com

A TD Ameritrade é considerada uma das mais importantes corretoras para investidores do tipo "DIY" [faça você mesmo]. Ela tem um site sólido que o ajuda a aprender mais sobre investimentos. Gosto da seção de planos de aposentadoria que o ajuda a analisar que tipo de conta usar. Ela também facilita muito a abertura de uma conta online. Enquanto estiver no site, você poderá ligar e falar com um atendente que lhe mostrará o processo. Se quiser abrir uma conta de aposentadoria, não precisará fazer um depósito mínimo. E mais, poderá configurar um programa de investimento automático de fundos mútuos (até com $150 por mês). Essa é uma grande vantagem, se quiser começar hoje, mas tem poucas economias. E para os que gostam de negociar diretamente, a TD Ameritrade tem mais de 120 filiais em todo o país. Então, tudo isso pode ser arranjado literalmente em minutos online, incluindo a realização de depósitos a partir de dispositivos móveis de até US$10 mil. Ela oferece mais de 13 mil fundos mútuos e 100 EFTs [fundos de índice] livres de comissões.

Charles Schwab
1-866-855-9102
www.schawab.com

A Charles Schwab é uma das maiores empresas de multisserviços financeiros do país. Ela oferece a investidores do tipo "DIY" e sofisticados uma plataforma sólida que facilita a abertura de um IRA. (Seu site afirma que leva apenas 10 minutos.) Na Schwab, a quantia mínima para abrir um IRA é $1 mil. Ela oferece 3 mil fundos mútuos sem encargos e 200 EFTs sem custos de transação. Se você preferir trabalhar com um consultor diretamente, a Schwab tem 325 filiais em todo o país. Ao mesmo tempo, a empresa assumiu a liderança no processo de investimento automatizado rapidamente, agora conhecido como "robo-advisory". Este seu programa é chamado de *Inteligent Portfolios [Portfólios Inteligentes]* e está disponível para contas de no mínimo $5 mil. Esses portfólios de investimento automáticos são atualmente formados de 20 EFTs e oferecidos sem cobranças de taxas de serviço ou comissões. De várias formas, este programa é um típico exemplo do "investimento automático", permitindo que você crie, em questão de minutos, um portfólio profissionalmente administrado diversificado e automaticamente reequilibrado.

Fidelity Investments
1-800-631-1903
www.fidelity.com

Como um dos maiores players do setor de serviços financeiros, a Fidelity é um dos líderes em simplificar a tarefa de se aposentar.

O mínimo exigido para corretagem é de apenas $2.500 e não há exigência de depósitos mínimos para IRAs. É possível investir automaticamente em muitos fundos mútuos a ínfima quantia de $10 por mês, mas esse valor varia de acordo com o fundo. Ao visitar o site, vá para a área de investimentos e examine os Fidelity Freedom Funds. Estes fundos simplificam o investimento alocando automaticamente os ativos com base em sua data de aposentadoria. Além disso, ela oferece mais de 3.400 fundos mútuos e 70 EFTs sem comissões ou custos de transação. Se quiser trabalhar diretamente com um consultor, ela tem mais de 180 filiais no país. A seção do site para contas de aposentadoria é bem estruturado e de fácil navegação, com uma sólida seção de planejamento.

Vanguard
1-877-662-7447
www.vanguard.com

Nenhuma lista de corretoras acessíveis aos investidores estaria completa sem mencionar a Vanguard, principalmente se você planeja investir por conta própria no longo prazo. Ela não só faz tudo que as firmas listadas anteriormente fazem, mas oferece os fundos mútuos de menor custo no setor. Mas você precisará de $1 mil para abrir uma conta de aposentadoria. Depois, porém, não há exigência de um valor mínimo em investimentos mensais subsequentes. A Vanguard tem uma ferramenta online [conteúdo em inglês] que o ajuda a abrir a conta em menos de dez minutos. O site oferece ótimas ferramentas para planejamento de aposentadoria e como selecionar fundos mútuos. Ela oferece cerca de 240 fundos mútuos e EFTs. A empresa também está assumindo rapidamente a liderança no espaço "robo-advisory" com seu *Personal Advisory Service*, que é uma consultoria multisserviços com portfólios de gestão automática criados para você e reequilíbrio automático. O único senão é a exigência do valor mínimo de $50 mil na conta para esses serviços.

OS ROBO-ADVISORS — NOVOS *PLAYERS* PARA AUTOMATIZAR

Uma das maiores mudanças nos investimentos desde que escrevi a versão original deste livro é o surgimento de um novo tipo de serviço de consultoria de investimentos conhecido como "robo-advisors". Com o uso da tecnologia, essas empresas de funcionamento basicamente online oferecem portfólios com gestão profissional formados de fundos de baixo custo (geralmente EFTs e fundos de índice). Veja como funciona: você entra no site e responde uma série de perguntas em um formulário virtual. Com base nas informações que você fornece, o sistema cria um portfólio modelo em segundos. Esses portfólios com gestão profissional então atuam em "piloto automático" por uma fração do que custaria para trabalhar com um consultor humano.

Em resumo, você recebe em minutos uma conta de investimento diversificada para sua aposentadoria e automaticamente reequilibrada ao longo do tempo. Mais importante para mim como seu coach, essas opções online apresentam contas com mínimos muito menores e, em alguns casos, sem mínimo nenhum. As duas firmas listadas abaixo estão entre as maiores que estão assumindo a liderança.

Betterment
1-888-428-9482
www.betterment.com

Se você é um novo investidor com uma conta pequena ou só começando, vale a pena dar uma olhada na Betterment. Eles não exigem um depósito mínimo. Seus erviços de aposentadoria são abrangentes e fáceis de configurar. Você pode organizar o seu IRA online com eles em questão de minutos. Consulte sua ferramenta *RetireGuide* [conteúdo em inglês], que pode ligar suas várias contas de aposentadoria, incluindo seu plano 401(k). A Betterment oferece vários serviços — de planejamento financeiro básico até a adequação do portfólio em virtude das amortizações de prejuízos fiscais. As tarifas são baixas, 0,15% por ano em contas acima de $100 mil. Contas menores pagam um pouco mais, 0,35%.

Wealthfront
1-650-249-4250
www.wealthfront.com

A Wealthfront também é uma excelente opção para um investidor que quer seguir a rota do robo-adviros online. No momento, a exigência de depósito mínimo é de apenas $500, portanto, muito acessível ao novo investidor. Eles não cobram taxa de administração para os primeiros $10 mil geridos; fundos acima desse valor pagam uma taxa de 0,25%. Sua conta de aposentadoria pode ser configurada em minutos e seu sistema é fácil de usar. Eles também têm uma ótima ferramenta chamada *Portfolio Review* que avalia seus portfólios criados em outras firmas.

AVISO IMPORTANTE

Se você usar uma ferramenta online de qualquer uma dessas firmas (grandes ou pequenas) para criar seu portfólio automático, responda aos questionários com cuidado. A maioria dessas empresas determinam o mix de investimentos com base em você lhes disse sobre seu horizonte de tempo ou tolerância ao risco. Se clicar no botão errado, todo o seu portfólio será criado incorretamente, com muito risco ou risco insuficiente. Em caso de dúvida, ligue para a empresa e converse com um consultor.

PROCURANDO UMA CORRETORA
OU UM BANCO

Depois de procurar os sites das empresas que descrevi, em vez de passar pelo processo online, talvez você prefira ir até a loja física e contratar seu plano diretamente com um funcionário. Não há nada de errado em pedir ajuda, e muitas pessoas preferem o contato direto com alguém que passam a conhecer. Se esse é seu caso, as páginas a seguir podem orientá-lo.

116 | Automaticamente Milionário

EMPRESAS QUE PODEM AJUDÁ-LO

Ligue ou entre no site e ache o escritório mais perto de você.

CORRETORAS MULTISSERVIÇOS

Wells Fargo Advisors
1-866-224-5708
www.wellsfargoadvisors.com

Citi Personal Wealth Management
1-800-846-5200
www.citibank.com

Charles Schwab
1-866-855-9102
www.schwab.com

Fidelity Investments
1-800-FIDELITY (343-3548-9)
www.fidelity.com

Edward Jones
1-800-441-2357
www.edwardjones.com

Merrill Lynch
1-800-MERRILL (637-7455)
www.ml.com

T. Rowe Price
1-800-225-5132
www.troweprice.com

UBS
1-800-354-9103
www.ubs.com

Morgan Stanley
1-888-454-3965
www.morganstanley.com

Ameriprise Financial
1-800-846-5200
www.ameriprise.com

Raymond James
1-800-248-8863
www.raymondjames.com

Lincoln Financial
877-ASK-LINCOLN
(275-546-2656)
www.lfg.com

MEU PRESENTE PARA VOCÊ

CONTRATE UM CONSULTOR FINANCEIRO

Uma das perguntas mais comuns que os leitores têm feito ao longo dos anos é "Como encontro um consultor financeiro?" Para respondê-la, criei um áudio chamado "As 10 Regras de Ouro Para Contratar um Consultor Financeiro". Ele está disponível gratuitamente no meu site. Para acessá-lo, visite **www.finishrich/advisor** [conteúdo em inglês]. Talvez você também queira dar uma olhada no *Finish Rich Workbook*, que dedica um capítulo inteiro a como contratar um consultor financeiro, incluindo que perguntas fazer, onde pesquisar suas qualificações, a que ficar atento e como pagar por seus serviços. Ele também contém uma ferramenta especial chamada Finish Rich Advisor Questionnaire and Gradecard™ [Questionário e Cartão de Classificação do Consultor de Fique Rico] que pode ser baixado gratuitamente no site [conteúdo em inglês].

ONDE E COMO CUIDAR DE SUA APOSENTADORIA NO BRASIL

Ao pensar em sua aposentadoria, você pode optar por fundos e planos de previdência e/ou Fundos de Pensão, caso a empresa na qual trabalha ofereça esse benefício aos seus funcionários.

Os planos são os produtos que os investidores efetivamente adquirem. Eles correspondem a uma espécie de "pacote" para a aposentadoria, com as instituições financeiras atuando na gestão dos valores e dos prazos para que, mais tarde, o investidor obtenha uma determinada renda.

Já os fundos de previdência são os veículos de investimento em si. Assim, um investidor que contrate um plano terá seus recursos efetivamente aplicados em um fundo de previdência.

TIPOS DE PREVIDÊNCIA PRIVADA

Existem dois tipos de planos de previdência privada: o VGBL (Vida Gerador de Benefício Livre) e o PGBL (Plano Gerador de Benefício Livre). Basicamente, o que influencia na escolha de um tipo ou de outro é a maneira como o investidor faz sua declaração de Imposto de Renda.

PGBL

Os planos tipo PGBL costumam ser indicados para quem entrega a declaração do Imposto de Renda usando o modelo completo, aproveitando benefícios fiscais. Isso porque quem contrata um PGBL pode deduzir as contribuições realizadas no plano de sua renda bruta tributável. O limite é de 12% ao ano.

Na hora de resgatar os recursos do plano de previdência, o Imposto de Renda incidirá sobre o valor total (o principal das contribuições mais os rendimentos).

VGBL

Os planos do tipo VGBL não incluem o benefício fiscal proporcionado pelos PGBL. Por isso, são indicados para os investidores que fazem a declaração de Imposto de Renda no modelo simplificado.

Para quem faz a declaração no modelo completo, o VGBL pode fazer sentido em uma situação: caso o investidor queira aplicar mais do que 12% da renda em previdência privada.

A vantagem do VGBL é que, no resgate, o Imposto de Renda incide apenas sobre os rendimentos — e não sobre o valor principal das contribuições, como no PGBL.

FUNDOS DE PENSÃO

Existem instituições que mantêm planos de previdência coletivos e, mesmo assim, não têm fins lucrativos. Elas são organizadas e geridas por empresas ou grupos empresariais e são chamadas de fundos de pensão.

Uma empresa pode aderir a um fundo de pensão e oferecer para seus funcionários. Dessa forma, as contribuições passam a ser descontadas diretamente da folha de pagamento, respeitando um determinado percentual do salário.

Contudo, uma das maiores vantagens do fundo de pensão é que a empresa também costuma contribuir com um percentual do valor para o fundo de pensão de seus empregados, o que faz aumentar o montante mais rapidamente.

Logo, os fundos de pensão são ótimas opções de investimento, pois possibilitam aos trabalhadores o que chamamos de "aposentadoria complementar", como uma previdência privada.

Isso acontece porque o dinheiro investido é utilizado pelos administradores para realizar aplicações no mercado de ações, no setor imobiliário, em renda fixa e até para realizar participações em organizações empresariais de cunho privado. Tudo dentro de limites estabelecidos e regulamentados pelo Banco Central do Brasil.

Neste regime, quando o empregado se aposenta, passa a receber o benefício em parcelas mensais. Se, por acaso, ele sair da empresa, recebe o direito de resgatar parte do dinheiro que contribuiu enquanto lá trabalhava — o que, ressalte-se, é menos vantajoso do que resgatar os valores acumulados a longo prazo.

QUAIS SÃO OS FUNDOS DE PENSÃO MAIS POPULARES DO BRASIL?

Atualmente, mais de 300 instituições compõem a indústria de fundos de pensão existente no Brasil. Juntas, elas administram mais de 1.100 planos de benefícios, o que gera um montante de mais de R$700 bilhões em investimentos.

Previ, Petros, Funcef e Vivest são os quatro maiores fundos de pensão do país. Entidades de previdência complementar fechada do BB, da Petrobras, da Caixa e da Cesp somam juntas mais de R$400 bilhões em ativos no mercado financeiro.

O QUE DIZER AO VISITAR UM BANCO OU CORRETORA

Quando você for a um banco ou uma corretora para contratar seu IRA, deixe claro ao gerente ou corretor que o receber (ou o atendente ao telefone, se estiver contratando o serviço online) que quer contratar um *plano de investimento sistemático*. Esse é um plano no qual o dinheiro é transferido automaticamente em uma base periódica para sua conta de alguma outra conta que tiver (geralmente a conta-corrente normal).

CRIANDO UM PLANO DE INVESTIMENTO AUTOMÁTICO

OPÇÃO UM: DEDUÇÃO NA FOLHA DE PAGAMENTO

A melhor forma de contratar esse tipo de plano é pedir que seu empregador proceda à dedução na folha de pagamento, onde o dinheiro é transferido automaticamente de seu salário para o IRA. Nem todos os empregadores estão preparados para fazê-lo. Se o seu estiver, ele lhe pedirá para preencher um formulário com as informações necessárias sobre a conta para fazer a transferência (ou seja, você precisa abrir uma conta IRA e informar seu número e demais dados). Alguns bancos e corretoras farão isso por você, contatando o departamentos de pessoal de sua empresa em seu nome e cuidando de toda a documentação.

OPÇÃO DOIS: DEBITANDO SUA CONTA-CORRENTE

Se seu empregador não oferecer a dedução na folha de pagamento, você pode pedir-lhe que realize um depósito automático direto (a resposta normalmente é sim). Isso significa que ele depositará seu salário diretamente em sua conta-corrente. Nesse caso, você pode acertar com o banco ou com a corretora para debitar o valor automaticamente da conta-corrente para a de aposentadoria… Sugiro que você combine para que isso seja feito a cada pagamento — de preferência, no dia seguinte à compensação do cheque.

Praticamente todos os bancos e corretoras que oferecem IRAs estão equipados para organizar esse esquema para você. Muitos até ligarão para sua empresa e o ajudarão a preencher a documentação para o débito automático na folha de pagamento. É só pedir. E, uma vez feito, não precisa mais pensar a respeito. E mais, sua decisão não é definitiva. O arranjo geralmente pode ser modificado com um único telefonema ou pedido por escrito. E não se esqueça de que muitos bancos oferecem pagamento de contas online, o que lhe permite "enviar automaticamente" um cheque a quem determinar. Isso pode fazer a automatização de seu plano de investimento uma tarefa única de cinco minutos.

OUTRO MODO MUITO SIMPLES DE
AUTOMATIZAR TUDO

A tecnologia atual da internet simplifica muito definir o que chamamos de "pagamento de contas online". Como o nome sugere, o pagamento de contas online permite que se pague todas as contas pela internet. Quando você abre uma conta de pagamento online, o seu boleto vai diretamente para a empresa que oferece o serviço que o escaneia e o apresenta a você. Para pagá-lo, você só precisa clicar um botão. O dinheiro para pagar cada conta é debitado automaticamente de sua conta-corrente. A vantagem do pagamento de contas online é que você pode usá-lo para enviar dinheiro para onde quiser automaticamente. Digamos que você queira depositar $50 por semana na sua conta de aposentadoria. O pagamento de contas online o faz para você a cada semana sem "fazer nada" além de configurá-lo. Todos os grandes bancos e corretoras oferecem pagamento de contas online gratuito. Se você não quer usar seu banco (e muitas pessoas ainda não querem), use um serviço de pagamento de contas online que deve estar em torno de $9,95 por mês (geralmente para vinte e cinco boletos ou cheques) mais $0,65 por boleto. Existe só uma empresa importante que presta esse serviço, a PayTrust. Saiba mais sobre ela e como trabalham em **www.paytrust.com** [conteúdo em inglês).

QUANTO DEVO POUPAR?

Comparado a um plano 401(k) ou 403(b), não é necessário muito para atingir o máximo de um IRA. A partir de 2016, se você tiver menos que 50 anos, pode contribuir com o máximo de $5.500 por ano. (Se você tiver mais que 50 anos, o máximo é $6.500.) Isso representa apenas $458 por mês, ou cerca de $21 de um dia de trabalho. A menos que você ganhe menos que $21 por hora, não há motivo para não maximizar suas contribuições. Lembre-se de que você deve trabalhar, pelo menos, uma hora por dia para si mesmo.

LIMITES DE CONTRIBUIÇÃO DO ROTH IRA E TRADICIONAL		
Ano	Máximo Permitido (idade de 49 ou menos)	Máximo Permitido (idade de 50 ou mais)
2016	$5.500	$6.500

Nota: Após 2016, os ajustes são feitos pela inflação em incrementos de $500.

POSSO MESMO FICAR RICO POUPANDO APENAS $5.500 POR ANO?

Separar $5 mil por ano pode não parecer muito, mas não se esqueça do poder dos juros compostos. Se com a idade de 25 você começasse a poupar $458 por mês (ou $5.500 por ano) em um IRA que proporciona um rendimento anual de 10%, quando você tiver 65 anos, terá um pé-de-meia de mais ou menos $2,9 milhões. Mesmo que esperasse até os 40 para começar, ainda acabará com uma soma expressiva — $618.275 .

Está claro que quanto antes começar, mais fácil será acumular riqueza. Mesmo assim, nunca é tarde para começar. A hora de começar é agora. Algum dinheiro é melhor do que nada. (Volte e dê outra olhada na tabela da página 104.)

MELHOR AINDA SE
VOCÊ FOR AUTÔNOMO

Se você é autônomo, tenho algo a lhe dizer: Parabéns. Pequenas empresas realmente impulsionam nossa economia; são o mecanismo que gera crescimento econômico. O governo reconhece esse fato e, quando se trata de contas de aposentadoria, oferece aos donos de empresas ótimas isenções fiscais.

Há inúmeros tipos de contas de aposentadoria que empresários podem escolher. Como este livro tem o objetivo de fazer você entrar em ação rapidamente, vou discutir apenas dois deles — o SEP IRA [Simplified Employee Pension — Aposentadoria Simplificada de Funcionários], que considero a conta de aposentadoria mais objetiva e descomplicada para profissionais autônomos, e One-Person 401(k) Profit Sharing Account [Conta de Aposentadoria de Participação de Lucros de Uma Pessoa 401(k)], que é realmente incrível.

AS ALEGRIAS DOS SEP IRAS

O SEP em SEP IRA significa Simplified Employee Pension [Aposentadoria de Funcionários], também conhecido como conta de aposentadoria para autônomos. Como resultado das mudanças tributárias em 2002, esses planos ficaram realmente surpreendentes. Hoje você pode contribuir com 25% de sua renda bruta para um SEP IRA até um máximo de mais de $53 mil (a quantia é corrigida pela inflação todos os anos). O que acha disso para Pagar-se Primeiro?

Se você é autônomo e não tem empregados, corra — não ande — até o banco ou corretora mais próximo e contrate um SEP IRA hoje (use as listas nas páginas 112–16). Quase todas as empresas apresentadas ali oferecem SEP IRAs. A única parte um pouco complicada do processo é configurá-lo para funcionar automaticamente. Isso ocorre porque como autônomo você provavelmente não tem uma retirada salarial regular. Mesmo assim, como com outros planos de aposentadoria que discutimos, o segredo para que ele funcione é automatizar o processo, então vale a pena enfrentar a dificuldade e encontrar uma solução.

Veja o que fazer:

Se você tem um salário regular: Crie um sistema de pagamento que transfira automaticamente as contribuições para o seu SEP IRA. Isso é bastante fácil se você usar uma empresa de gestão de folha de pagamentos. Como com outros planos, a ideia é Pagar-se Primeiro cerca de 10% de sua renda — mais se quiser mesmo ficar rico. (Lembre-se, as regras do SEP IRA permitem que você contribua com até 25%.)

Se você não tem um salário regular: Muitos autônomos esperam até que a maioria das despesas sejam pagas antes de retirar um salário ou bônus para si mesmos. Se é isso que você faz, simplesmente certifique-se de que sempre que retirar uma quantia da empresa, separe os primeiros 10% para o seu SEP IRA. Como isso pode ser difícil de automatizar, se não impossível, recomendo que tente pagar-se uma espécie de salário para que não precise pensar em destinar recursos para o seu plano. Como espero que tenha aprendido até agora, processos automatizados são os que funcionam. Processos não automatizados, geralmente não.

O PLANO DE APOSENTADORIA DE PARTICIPAÇÃO DE LUCROS DE UMA PESSOA 401(K)

Esse novo plano é incrível. Como resultado das mudanças tributárias de 2002, e ainda relativamente desconhecidos, os planos 401(k) individuais geralmente são chamados de "planos 401(k) solo". Se você tem uma empresa e nenhum empregado da família, esses planos são ótimos para você ou seu cônjuge. Por quê? Porque você pode aplicar mais dinheiro mais depressa em um plano 401(k) solo do que em um SEP IRA. Veja como funciona: você pode aplicar até 100% dos primeiros $18 mil que ganhar em 2016 [ano usado como base] (mais em anos posteriores). Além disso, você pode usar a parte de participação de lucros do plano para contribuir até 25% de sua renda. O total combinado com que poderia contribuir em 2016 seria de $53 mil. (Essa quantia será aumentada com base na inflação dos anos seguintes.)

Refaça essa conta. Digamos que você tenha recebido $100 mil como profissional autônomo. Com um Plano de Aposentadoria de Participação de Lucros de Uma Pessoa 401(k), você pode colocar os primeiros $18 mil que ganhou em uma conta 401(k) e depois outros $25 mil na porção de participação de lucros. É um total de $43 mil em uma poupança com benefícios fiscais — com uma renda de $100 mil! Com um SEP-Ira, o máximo que poderia aplicar com uma renda de $100 mil são $25 mil (ainda uma quantia considerável), mas para um empresário que deseja construir fortuna mais depressa, este é um plano melhor que lhe permite poupar dinheiro com isenção e deferimento de impostos. Esse é o motivo pelo qual proprietários de empresa podem ficar ricos mais depressa do que trabalhadores comuns. Se você usa uma empresa de gestão de folha de pagamentos como a Paychex ou ADP, peça-lhes detalhes, pois elas estão disponibilizando esses planos agora. Além disso, a maioria das empresas de multisserviços financeiros, incluindo as de fundos mútuos, também os oferece.

ENTÃO, COMO DEVO INVESTIR O MEU DINHEIRO DA APOSENTADORIA?

Agora que vimos os diferentes tipos de contas de aposentadoria disponíveis, vamos analisar o que fazer com o dinheiro depositado no plano. Quer você abra uma conta 401(k) no emprego ou um IRA ou SEP IRA por conta própria, precisa escolher um investimento quando o dinheiro for depositado. A conta em si é apenas um "tanque de contenção". É o investimento escolhido que determinará a rapidez com que seu dinheiro crescerá. O rendimento de 1% ou 10% dependerá de como você investir. Com uma conta de aposentadoria, é essencial que você invista com sensatez, sem arriscar.

A melhor forma de fazê-lo é seguir o velho conselho de não colocar todos os ovos em uma única cesta. Em outras palavras, você deve diversificar — o que significa que, em vez de investir todo o dinheiro em apenas um ou dois lugares, distribua-o em vários. Porém, distribui-lo em vários lugares não significa abrir várias contas de aposentadoria em diferentes lugares. Se fizer isso e então fizer o mesmo tipo de investimentos em todos, apenas complicará sua vida. Distribuir seu dinheiro em vários lugares significa montar um portfólio diversificado de ações, títulos e investimentos em dinheiro em *uma única* conta de aposentadoria. Não é preciso complicar as coisas.

O PODER DA PIRÂMIDE

Na página 130 há uma ferramenta fantástica para ajudá-lo a determinar onde seu dinheiro deve ser investido e quanto deve ser destinado a cada investimento. Eu a chamo de Pirâmide de Investimento do Automaticamente Milionário, e se baseia em dois princípios simples: que você deve investir em uma combinação de dinheiro, ações e títulos; e que a natureza dessa combinação deve mudar ao longo do tempo de acordo com as mudanças em sua vida.

Você pode ver que a pirâmide divide sua vida financeira em quatro períodos distintos: o "começar", o "ganhar dinheiro", os anos "pré-aposentadoria" e os anos de "aposentadoria". Suas necessidades e metas são diferentes em cada etapa e, como resultado, você provavelmente terá uma combinação de investimentos diferentes.

Em cada período, a pirâmide sugere que a porcentagem de seu pé-de-meia deve ser alocada a cada um dos cinco tipos de investimento-padrão. Em ordem de risco, do mais seguro ao mais arriscado, eles são dinheiro, títulos, investimentos de crescimento, investimentos de renda mensal & crescimento e investimentos de crescimento agressivos.

A PIRÂMIDE DE INVESTIMENTO DO AUTOMATICAMENTE MILIONÁRIO

DA ADOLESCÊNCIA AOS TRINTA (Os Anos "Iniciais")

Situação e metas
- Agressivo
- Patrimônio líquido em crescimento
- Perspectiva de longo prazo
- Disposição de assumir altos riscos

- 5% a 10% Crescimento Agressivo
- 40% a 50% Crescimento
- 30% a 40% Crescimento & Renda
- 5% a 15% Títulos
- 5% a 10% Dinheiro

DOS TRINTA AOS CINQUENTA (Os Anos de "Ganhar Dinheiro")

Situação e metas
- Dez anos ou mais até a aposentadoria
- Formando patrimônio líquido
- Disposição de assumir riscos
- Sem necessidade de renda de investimento

- 5% a 10% Crescimento Agressivo
- 25% a 35% Crescimento
- 35% a 45% Crescimento & Renda
- 15% a 25% Títulos
- 5% a 10% Dinheiro

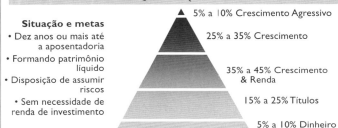

DOS CINQUENTA AOS SESSENTA E CINCO (Os Anos de "Pré-aposentadoria")

Situação e metas
- Menos de 10 anos para a aposentadoria
- Geralmente anos de renda elevada com menos responsabilidades financeiras
- Disposição de assumir mais riscos, mas com menos volatilidade

- 0 a 5% Crescimento Agressivo
- 15% a 25% Crescimento
- 30% a 40% Crescimento & Renda
- 20% a 30% Títulos
- 5% a 10% Dinheiro

DE SESSENTA E CINCO EM DIANTE (Os Anos de "Aposentadoria")

Situação e metas
- Usufruindo aposentadoria ou muito perto dela
- Proteção do patrimônio líquido
- Preferência por riscos menores

- 0 a 5% Crescimento Agressivo
- 10% a 20% Crescimento
- 30% a 40% Crescimento & Renda
- 25% a 35% Títulos
- 10% a 15% Dinheiro

A base da pirâmide se apoia nos investimentos mais seguros (dinheiro e títulos). À medida que sobe, você assume riscos maiores, passando de crescimento & renda para crescimento e crescimento agressivo. Excetuando o fato de que você sempre quer que sua conta de aposentadoria seja criada inicialmente com investimentos seguros, a combinação de categorias de risco ideal para você depende de sua idade. Quanto mais novo for, mais riscos pode correr, visto que tem mais tempo para superar uma fase do mercado de ações desfavorável ou outras crises no setor econômico. Para os que já se aposentaram, ocorre o contrário. O princípio é muito simples e, mais importante, realmente funciona.

Use a pirâmide de investimentos como guia para selecionar onde aplicar seu dinheiro nas contas de aposentadoria. Em vez de procurar ações e títulos individuais que correspondam ao perfil de risco específico ideal para a sua situação, sugiro que aplique seu dinheiro em fundos mútuos relevantes. Eles não só oferecem gestão profissional do dinheiro, diversificação e facilidade de uso, como quase todos permitem que você comece com investimentos de $50. Alguns até aceitam aportes de $25. Nas próximas páginas, falarei sobre meus fundos preferidos para investidores que estão iniciando.

QUE TAL INVESTIR NO MEU PLANO 401(K)?

A pirâmide de investimentos o ajudará a decidir como aplicar seu dinheiro no plano 401(k). É possível que seu plano lhe ofereça várias opções de investimento semelhantes (se não idênticas) aos mostrados na pirâmide. Nesse caso, simplesmente use as porcentagens da pirâmide para distribuir seu dinheiro de modo adequado.

A única diferença digna de nota pode ser que, se você trabalhar para uma grande empresa de capital aberto, o seu plano também ofereça a chance de investir nas ações da companhia. Nesse caso, resista à tentação de investir grandes quantias — não importa o tamanho da empresa.

Recentemente, muitos empregados excessivamente leais perderam todo seu pé-de-meia por investir todo o dinheiro da aposentadoria nas ações da empresa. Lembre-se da Enron, WorldCom e Lucent Technologies. Até o teto desabar, todos imaginavam que elas eram seguras — principalmente as pessoas que trabalhavam para elas. Em minha opinião, não invista mais que 25% — e se for conservador, não mais que 5% — do dinheiro da aposentadoria em ações de sua empresa. Além disso, ao usar a Pirâmide de Investimento do Automaticamente Milionário, encare as ações de sua empresa como um investimento de crescimento agressivo (mesmo que seja uma empresa conservadora), porque possuir uma única ação reduz sua diversificação — e, portanto, aumenta seus riscos.

COMPRA ÚNICA SUPERSIMPLES

Muitos planos de aposentadoria de empresas oferecem uma opção de fundo mútuo único aos participantes que combinam sob o mesmo "teto" todos os diferentes tipos de investimento que precisam fazer. Como resultado, não é preciso se preocupar em confundir um fundo de crescimento agressivo com outro apenas de crescimento e vice-versa. Tampouco é preciso calcular que porcentagem de seu dinheiro deve aplicar em títulos ou ações.

Esse tipo de investimento supersimples é conhecido por vários nomes. Dependendo do plano, pode ser o fundo mútuo de data-alvo ou fundo de estágio de vida. Alguns deles têm um ano específico no nome (por exemplo, o fundo 2030 ou o fundo 2040), onde você seleciona aquele com a data mais próxima à sua possível aposentadoria. A maioria das empresas também oferece o que chama de fundo equilibrado, que proporciona gestão profissional e alocação de bens normalmente de 60% em ações e 40% em títulos. Algumas oferecem hoje uma versão do modelo "robo-advisor" que já discuti, usando principalmente EFTs e fundos de índice para manter os custos baixos. Muitas empresas também oferecem agora um serviço proporcionado por uma empresa chamada *FinancialEngines* (**www.financialengines.com**) a fim de ajudá-lo a criar, monitorar e reequilibrar os investimentos em sua conta de aposentadoria 401(k) *automaticamente*. Contudo, verifique suas taxas, pois não se trata de um serviço gratuito e a cobrança se baseia em quanto dinheiro há na sua conta.

POR QUE FUNDOS DE DATA-ALVO FAZEM SENTIDO E SÃO TÃO POPULARES

Se eu tivesse que indicar uma das maiores mudanças para se tornar automaticamente milionário desde a publicação do livro original, teria que ser nos **fundos mútuos de data-alvo**. É quase possível chamá-los de Fundos do Automaticamente Milionário devido à facilidade que se tem em investir neles. Hoje eles são tão populares que a maioria dos planos de aposentadoria de empresas os oferece e a maioria dos investidores estão começando a usá-los (talvez até você). Em 2015, segundo a Morningstar, havia $763 bilhões investidos neles. Os fundos de data-alvo o ajudam a selecionar um fundo de investimento entre fundos que serão geridos profissionalmente com uma "data-alvo de aposentadoria". Digamos que você queira se aposentar por volta de 2035; você simplesmente seleciona o fundo que contenha esta data. Então, o administrador do fundo cria um portfólio diversificado como a pirâmide de investimento que lhe mostrei, dividido entre ações, títulos, dinheiro, investimentos globais etc. Assim, o fundo é automaticamente reequilibrado e o risco é reduzido no portfólio à medida que você se aproxima da aposentadoria.

CONHEÇA O SEU *GLIDE PATH*[****]

Se você já tem esse tipo de investimento ou está pensando em aplicar nele, é essencial que você analise o que se chama o "Glide Path" do fundo. Alguns desses fundos são destinados a levá-lo "até a aposentadoria", o que significa que, se você se aposentar aos 65 anos, o fundo será gerido como se você fosse viver mais 25 anos. Alguns fundos são configurados de modo a terminar em sua data-alvo, ou para "determinado ano". Isso significa que o fundo pode estar formado quase que todo por dinheiro e títulos a data-alvo selecionada. Se você planeja se aposentar por volta dos 60 anos, recomendo que escolha o "até"; se pretende se aposentar

---

[****] Um *glide path* é uma alteração no mix de ativos do fundo de data-alvo com o transcorrer do tempo. Ou seja, ele define como o mix de ativos nesse fundo mudará com o tempo.

aos 70 ou 80, escolha o "para". E não esquente a cabeça, pois você sempre poderá mudá-los. Eu o aconselho a selecionar apenas um! Muitas pessoas selecionam dois ou três fundos de data-alvo. Você só precisa de um desses fundos perto de sua data de aposentadoria.

POR QUE FUNDOS EQUILIBRADOS E DE ALOCAÇÃO DE BENS FAZEM SENTIDO

Se, por algum motivo, seu plano não oferecer um fundo de data--alvo, então tenho certeza de que ele oferecerá um de alocação de bens ou equilibrado. Um fundo de alocação de bens ou equilibrado, semelhante ao fundo de data-alvo, faz todo o trabalho para você, oferecendo a combinação adequada de dinheiro, títulos e ações. Você não precisa criar uma Pirâmide de Investimento do Automaticamente Milionário. Assim, esses tipos de fundo facilitam muito a tarefa de investir. Nunca é demais enfatizar esse fato. E você não precisa trabalhar para uma empresa com um plano 401(k) para usá-los. Invista em fundos pré-selecionados com gestão profissional de bens, fundos mútuos de data-alvo ou fundos equilibrados por meio de um IRA tradicional, Roth IRA ou SEP IRA.

Se você estiver trabalhando com um consultor financeiro, um banco ou uma corretora, diga que gostaria de analisar opções de **fundos de data-alvo, de alocação de bens** ou **equilibrados**. O consultor lhe mostrará a direção correta. Além disso, destaquei algumas opções de multisserviços adiante. Se você mesmo quiser fazer isso, há meios de investir sem um corretor ou consultor. Para começar, aqui está uma lista (em nenhuma ordem em especial) de empresas que oferecem fundos de alocação de bens e equilibrados.

FUNDOS DE ALOCAÇÃO DE BENS, FUNDOS DE DATA-ALVO E FUNDOS EQUILIBRADOS

A OPÇÃO "DIY"

As seguintes empresas oferecem fundos de investimentos do tipo "DIY", o que significa que você não precisa de um consultor financeiro para adquiri-los. E, mais importante, a maioria desses fundos não cobra taxas — ou seja, você investe neles sem pagar comissões. Atualmente há cerca de 2.200 fundos mútuos de data-alvo disponíveis. Contudo, o setor é dominado por essas três grandes: Vanguard, Fidelity e T. Rowe Price. Combinados, eles são responsáveis por 71% do setor; eis aqui a lista pela qual começar:

Vanguard
1-877-662-7447
www.vanguard.com

Pergunte sobre a Vanguard Life Strategy Funds (fundos de alocação de bens da Vanguard). Pergunte também sobre a Vanguard STAR Fund (este é um produto de alocação de bens de "fundo de fundos" criado usando vários fundos Vanguard). Finalmente, pergunte sobre o Vanguard Balanced Fund, um fundo equilibrado de custo muito baixo com um excelente histórico de longo prazo.

Fidelity Investments
1-800-FIDELITY (343-3548-9)
www.fidelity.com

Pergunte sobre os Fidelity Freedom Funds. Esses fundos de alocação de bens têm data de vencimento (p. ex., 2000, 2010, 2020,

2030, 2040). A ideia é investir no fundo com vencimento mais próximo da época em que você pretende iniciar as retiradas (p.ex., quando planeja se aposentar). Também pergunte sobre o Fidelity Balanced Fund.

Charles Schwab
1-866-855-9102
www.schwab.com

Pergunte sobre a série de fundos Schwab Market Track. A Schwab atualmente oferece quatro fundos nessas séries que variam de conservadores a de crescimento. Também pergunte sobre os seus Target Date funds [fundos de data-alvo].

T. Rowe Price
1-877-804-2315
www.troweprice.com

Pergunte sobre a série T. Rowe Price Retirement. Como os Fidelity Freedom Funds, esses fundos têm data de vencimento. Também pergunte sobre os T. Rowe Price Spectrum Funds.

SIMPLIFICANDO O INVESTIMENTO

Investir todo seu dinheiro para a aposentadoria em um único fundo lhe pareceu muito fácil, bom demais para ser verdade? Até um pouco monótono? Ao longo dos anos, como consultor financeiro, investidor e orientador financeiro, deparei-me com mercados ótimos, mercados regulares e outros simplesmente terríveis (como o que acabamos de viver de 2000 até o primeiro trimestre de 2003) logo antes da publicação da edição original de *Automaticamente Milionário*. Se aprendi um segredo de ser um investidor que se sai bem em bons e maus momentos, é este: ADMINISTRAR SEU DINHEIRO DEVE SER MONÓTONO! E acontece que a monotonia funciona — segundo a Morningstar, hoje há mais de $650 bilhões investidos nesses fundos mútuos únicos de data-alvo.

Se você investir seu dinheiro segundo a Pirâmide de Investimento do Automaticamente Milionário como sugeri na página 130, acabará com um portfólio bem diversificado administrado profissionalmente. Ainda melhor, se você investir em um fundo equilibrado ou fundo de alocação de bens que diversifique o portfólio e você automatizar as contribuições — o que, afinal, é o objetivo deste pequeno livro — você terá uma vida financeira realmente monótona. O seu dinheiro estará totalmente diversificado, profissionalmente equilibrado e administrado e seu plano de poupança funcionará no piloto automático.

Naturalmente, se fizer isso, não terá o que falar nas festas quando as pessoas tocarem no assunto de como estão investindo seu dinheiro. Ninguém se vangloria por ter um portfólio realmente simples e bem diversificado. Então você tem que encontrar outro tema sobre o qual conversar nas festas. Mas você não gostaria que esse fosse o seu maior problema?

COMO PROTEGER SUA FORTUNA EM UM MERCADO DESFAVORÁVEL

Quer você diversifique seus investimentos usando a Pirâmide de Investimento do Automaticamente Milionário ou com um fundo equilibrado ou de alocação de bens, o principal motivo pelo qual você deve fazê-lo é que a diversificação protegerá as economias de uma vida inteira em um mercado desfavorável. A diversificação foi a salvação mesmo no mercado terrível que todos vivenciamos entre 2000 e 2002. Um portfólio diversificado de ações, títulos e letras do Tesouro praticamente manteve seu valor ao mesmo tempo em que a mesma quantia em dinheiro investida somente em ações perdeu quase metade do valor. A tabela abaixo mostra o mercado em baixa na recessão que vivemos entre 2007 e 2009, além do que aconteceu após o mercado se recuperar até o final de 2015. Se o medo de perder tudo em uma quebra da bolsa evitou que você iniciasse um plano de aposentadoria, esta tabela o tranquilizará de que a diversificação é sua proteção de longo prazo.

Fonte: Bloomberg, Baseado em Portfólio Inicial de $10.000: 25% S&P 500, 25% S&P SmallCap 600, 25% Barclay's U.S. Aggregate Government/Corporate Bond Index, 25% Barclay's U.S. Government T-Bills Index, Reequilibrados Anualmente.

APRENDENDO MAIS SOBRE SUAS OPÇÕES DE INVESTIMENTO

A internet é um ótimo recurso para tomar decisões sobre como investir em seu plano 401(k) ou outros. Aqui estão alguns sites para pesquisar. Destaquei algumas de minhas características preferidas que podem ajudá-lo na escolha dos fundos.

ALGUNS SITES ÓTIMOS PARA PESQUISAR FUNDOS MÚTUOS, AÇÕES, E PLANEJAMENTO FINANCEIRO EM GERAL

WWW.MORNINGSTAR.COM

Comece aqui. A Morningstar é a empresa que realmente criou o conceito de classificar fundos mútuos. Ela também criou o sistema por estrelas para pontuá-los. Vá para a home page da Morningstar [conteúdo em inglês] e clique em "Mutual Funds". Depois, clique em uma seção chamada "Fund Quickrank". Por curiosidade, comece por analisar "'U.S. Stock Funds' by 'Total return %: 10 Year Annualized'" ["Fundos de Ações dos EUA" por "% Rendimento Total: Retornos Anualizados 10 Anos"]. Só três cliques e — pronto! Você tem uma lista dos fundos dos EUA de melhor resultado nos últimos dez anos. Outra característica impressionante do site da Morningstar são os relatórios de fundos que oferecem uma descrição geral de praticamente todos os fundos existentes com uma análise profunda fácil de ler e compreender. Você também pode pesquisar ações individuais. É preciso inscrever-se no site da

Morningstar para obter suas avaliações detalhadas, mas resumos gerais estão disponíveis gratuitamente.

HTTP://FINANCE.YAHOO.COM

O Yahoo oferece um portal de verdadeiros multisserviços financeiros com análise de fundos mútuos e ações, rastreamento de portfólio, pagamento de contas online, quadros de mensagens, pesquisa e muito mais. O Yahoo facilita o acesso a informações rápida e gratuitamente. Tente o seguinte como um test drive. Visite o site, clique em "Mutual Funds". Depois, clique no screener de fundos mútuos. Quando ele pedir qualificações, selecione "Any U.S. Stock Funds" [Quaisquer Fundos de Ações dos EUA], com mais de 5 anos de duração com um investimento inicial de, pelo menos, $10 mil e classifique por desempenho. Pronto! Em questão de segundos, você terá uma longa lista de fundos que geraram uma média de lucros acima de 10% ao ano. A parti dali, você pode pesquisar um fundo que atenda às suas exigências específicas (como um que requeira um investimento inicial de menos de $1 mil). Esse é apenas um exemplo do que este site pode fazer. Há uma imensidão de informações gratuitas para ajudá-lo.

WWW.MFEA.COM

Procurando por uma lista rápida de fundos mútuos que lhe permitam investir menos que $50 por mês? Visite o centro de fundos deste site e encontrará uma longa lista de empresas de fundos mútuos que aceitam pequenos investidores. Você também encontrará informações educativas sobre os benefícios de investir em fundos mútuos e inúmeras ferramentas gratuitas para ajudá-lo a aprender mais.

WWW.NYSE.COM

O site oficial da Bolsa de Valores de Nova York, o NYSE.com contém dados detalhados sobre todas as empresas listadas na Bolsa além de informações sólidas sobre como ela funciona.

WWW.NASDAQ.COM

Para cotações em tempo real e informações detalhadas sobre quaisquer uma das mais de 3 mil empresas listadas no mercado de ações da NASDAQ, este é o local em que procurar.

VOCÊ AINDA TEM DÚVIDAS SOBRE CONTAS DE APOSENTADORIA?

Quaisquer dúvidas que porventura tenha deverão ser respondidas em um dos muito úteis panfletos que você pode conseguir gratuitamente no Internal Revenue Service. Visite o site www.irs.gov e acesse Publication #590 [*Arranjos de Aposentadoria Individual*] e Publication #560 [*Planos de Aposentadoria para Pequenas Empresas*]. Baixe esses livretos direto da internet.

Se você não visitou o novo site da Receita, faça-o agora. Ele contém muitas informações incríveis que o ajudarão, e é tudo gratuito. Acredite, o governo realmente quer que você poupe dinheiro fazendo contribuições com benefícios fiscais para um plano de aposentadoria qualificado. Você só precisa saber como fazê-lo. O IRS também mantém agora linhas diretas gratuitas em que você pode obter ajuda. Para perguntas sobre impostos, ligue para

1-800-829-1040. Para informações adicionais, peça o Publication #910 (*Guide to Free Tax Services* [Guia para Serviços Tributários]).

O QUE QUER QUE FAÇA, LEMBRE-SE DE AUTOMATIZÁ-LO

Os McIntyres não ficaram milionários com disciplina ou sentando-se a cada duas semanas para preencher cheques para serem enviados às contas de aposentadoria. Eles eram tão ocupados e distraídos quanto você. Se eles tivessem que preencher um cheque a cada quinzena, ainda viveriam de um salário a outro. O que lhes permitiu atingir o status de milionários foram as medidas tomadas para que a poupança para o futuro se tornasse AUTOMÁTICA. Assim, caso seu plano atual não seja automático, precisa mudá-lo.

Da mesma forma, se você não estiver canalizando, pelo menos, 10% de sua renda para uma conta de aposentadoria com impostos diferidos, também precisa mudar isso. Não se acomode com uma poupança de 4% como quase todo mundo. A maioria das pessoas acaba chegando à aposentadoria dependente da Previdência Social, dos amigos e familiares para sobreviver. Você tem conhecimentos para conseguir mais. Então, faça mais. Mesmo que tenha que fazê-lo aos poucos, faça-o.

O planejamento para a aposentadoria pode ser tão simples ou desafiador quanto você decidir. Com o que aprendeu até agora, pode tornar a tarefa muito simples — e surpreendentemente eficiente.

ETAPAS DE AÇÃO
DO AUTOMATICAMENTE MILIONÁRIO

Veja o que tem que fazer agora para garantir uma aposentadoria livre de preocupações.

❑ Contrate um plano de aposentadoria onde trabalha.

❑ Se não tem um plano de aposentadoria no emprego, abra um IRA.

❑ Se você é autônomo, contrate um SEP IRA ou um plano Individual 401(k)/Participação de Lucros.

❑ Decida com quanto contribuirá mensalmente para sua conta (o ideal é o máximo valor permitido).

❑ Decida como investir as contribuições para aposentadoria.

❑ Qualquer que seja a conta aberta, arranje para que as contribuições sejam transferidas AUTOMATICAMENTE, seja por dedução da folha de pagamento no trabalho ou um plano de investimento automático administrado por um banco ou corretora onde você a contratou.

Agora, vamos aprender como garantir segurança financeira para você no caso de dias chuvosos.

CAPÍTULO CINCO

AUTOMATIZE PARA DIAS CHUVOSOS

O FATOR "DORMIR BEM À NOITE"

Se o único resultado proporcionado pela leitura deste livro for a decisão de Pagar-se Primeiro para seu futuro e Automatizar o processo, você ainda estará em melhor situação que a grande maioria das pessoas. Afinal, quantos amigos ou conhecidos você tem que esperam um futuro sem preocupações financeiras no fim da vida?

Mas, e agora? Como conseguir alguma segurança financeira hoje?

Este capítulo responde a duas perguntas básicas: Quanto dinheiro separar para se proteger de um proverbial "dia chuvoso" e onde aplicá-lo?

Sejamos realistas. Não importa o quanto você planeje ou pense de modo positivo, sempre há fatos fora de seu controle que podem dar errado — às vezes, muito errado. As pessoas perdem o emprego, a saúde, um cônjuge. A economia entra em crise, a bolsa quebra, empresas vão à falência. Circunstâncias mudam. Se há algo com que você pode contar, é o fato de a vida estar repleta de mudanças inesperadas. Coisas acontecem.

Algumas pessoas se preocupam com mudanças, enquanto outras se preparam para elas. Como Automaticamente Milionário, você se prepara. Dessa forma, diante de uma adversidade, não precisa prejudicar o seu futuro — ou surrupiar o dinheiro com que se Paga Primeiro — para lidar com o problema.

Aqui está um teste simples para fazer e determinar agora mesmo se está preparado para o tipo de mudanças que o mundo real jogará (com certeza) em cima de você.

O TESTE "DURMA BEM À NOITE"

Minhas despesas mensais atuais somam: $_____

Hoje tenho $_____ em conta-corrente ou aplicados no mercado financeiro.

Isso equivale a despesas de _____ (insira o número) meses.

Pare de ler. Pegue um lápis ou uma caneta e preencha os espaços do quadro anterior e descubra sua situação.

Você não precisa pegar seu talão de cheques para fazer essa soma. Calcule o que imagina que gasta cada mês, o que acha que tem no banco e as despesas de quantos meses o saldo cobrirá.

UMA BOA NOITE DE SONO OU O MEDO DA FALÊNCIA?

Então, como você se saiu? Sua poupança equivale às despesas de quantos meses?

Antes, mencionei que segundo as últimas estatísticas, o norte-americano comum tem menos que o equivalente a três meses de despesas poupado. Em minha experiência como consultor financeiro, descobri que a maioria das pessoas não tem nem mesmo isso. É possível que seu vizinho, o que dirige o novo carro arrendado e toma dois lattes por dia, tem menos que o equivalente a um mês de despesas poupado.

As falências pessoais têm continuado nos Estados Unidos, atingindo uma média superior a 1 milhão por ano. E é provável que a situação se agrave no futuro. Eu prevejo que não demorará para execuções de hipotecas de imóveis residenciais também atinjam níveis históricos.

Por quê? A resposta é simples: não temos o hábito de manter uma reserva para emergências como nossos pais e avós costumavam fazer. Em vez disso, vivemos literalmente de um pagamento a outro. Na maioria das famílias, na verdade, de dois pagamentos a dois pagamentos. (Quase três em cada quatro lares norte-americanos têm duas rendas.) Se um dos salários desaparece, a família que depende dele enfrentará um caos financeiro em menos de seis meses.

SUA META: JUNTAR UMA QUANTIA EM DINHEIRO PARA EMERGÊNCIAS

Para garantir que isso nunca aconteça, vou mostrar como juntar dinheiro para emergências AUTOMATICAMENTE.

Vovó Bach costumava me dizer, "David, quando as coisas ficam difíceis, os fortes têm dinheiro". Nesse caso e em muitos outros, ela sabia o que estava dizendo. Dinheiro é tudo. Dinheiro é segurança. Dinheiro é proteção. Dinheiro é a sua opção "pegue esse emprego e vá se danar".

O dinheiro é como o cinto de segurança que você coloca quando se senta à direção de seu carro. Quando você sai para uma volta, não planeja sofrer um acidente. Mesmo assim, você usa o cinto porque (1) alguém pode bater em seu carro e (2) acidentes acontecem.

É o mesmo com dinheiro. Você não planeja perder o emprego, ficar incapacitado ou perder a casa em um incêndio, mas como eu disse, acidentes acontecem. Sempre aconteceram e sempre acontecerão. Felizmente, isso não significa que você precisa se preocupar o tempo todo. Há um jeito de se proteger financeiramente das incertezas da vida. Como? Criando um escudo financeiro.

AS TRÊS REGRAS DO
DINHEIRO PARA EMERGÊNCIAS

1. Decida o tamanho do "escudo" de que precisa.

Para ser um Automaticamente Milionário verdadeiro, você precisa de um anteparo financeiro equivalente a, pelo menos, três meses de despesas. Pegue o que imagina que gasta cada mês, multiplique o valor por três e terá a meta de sua poupança de emergência.

Se você costuma gastar $3 mil por mês, deverá separar ao menos $9 mil em uma conta reserva a ser usada somente em caso de emergência. Você deve tentar poupar mais? Com certeza. Em meus livros anteriores, sugeri separar o equivalente de três a 24 meses de gastos, dependendo de sua situação. O quanto você deve poupar depende do que você precisa para "dormir bem à noite". O equivalente a três meses de gastos é um bom ponto de partida, mas se você pretende poupar mais, faça o que achar certo.

Com todas as inquietações econômicas e políticas do mundo atual, o valor equivalente a um ano de gastos é uma meta excelente para ser atingida. Com uma poupança com essa quantia não é preciso se preocupar em pagar as contas no fim do mês mesmo que você perca o emprego e não consiga encontrar outro por algum tempo. Ainda mais importante, um anteparo de um ano lhe dá liberdade de tomar decisões sobre sua vida que talvez não tenha condições de tomar agora — como deixar um emprego de que não gosta para arriscar uma nova carreira.

2. Não mexa.

O principal motivo pelo qual a maioria das pessoas não tem uma reserva para emergências no banco é que elas têm o que consideram uma emergência todos os meses. Quero que encare o dinheiro para emergências como se fosse um extintor de incêndio na parede de um prédio comercial. O abrigo que contém o extintor geralmente tem um aviso que diz, "Em caso de emergência, quebre o vidro". Ele não diz, "Se você achar que sente cheiro de fumaça, quebre o vidro". Pense no seu fundo de emergência da mesma forma.

O aviso imaginário de seu fundo de emergência não diz, "No caso em que realmente precisar de um vestido novo para aquela festa especial…" ou "No caso de o mais novo clube de golfe estar fazendo uma liquidação dos equipamentos esportivos…" ou "No caso de você querer uma lava-louças nova, porque a antiga está barulhenta…" Ele diz, "Só mexa em caso de emergência real".

O que é uma emergência real? Seja honesto consigo mesmo. Você sabe o que é uma emergência real. Uma emergência real é algo que ameaça sua sobrevivência, não apenas o desejo de aumentar seu conforto.

3. Deixe-o no lugar certo.

Certa vez apresentei um seminário onde falei sobre o quanto é importante ter algum dinheiro de reserva no caso de uma emergência. Em meio à discussão, um senhor chamado Bob sentado no fundo da sala ergueu a mão. "David", ele disse, "tenho $60 mil guardados no meu fundo de emergência. Isso é suficiente?"

"Isso depende", respondi. "Quanto você gasta por mês?"

"Uns $2 mil", foi a resposta.

"Então você tem uma reserva equivalente aos gastos de 30 meses", conclui. "Esse é um fundo de emergência ENORME em qualquer parâmetro. Por que tanto assim?"

Bob sorriu, um tanto constrangido. "Bem", ele disse, "minha mulher e eu nos preocupamos com a possibilidade de outra depressão ou, talvez, uma guerra. Minha mulher até se preocupa com OVNIs".

A classe toda riu.

"Não, não," eu falei, acalmando-os. "Lembrem-se, o motivo de ter um fundo de emergência é permitir que você durma bem à noite. Se ter uma reserva suficiente para as despesas de 30 meses impede Bob e sua mulher de se preocupar com OVNIs, então essa é a quantia certa para eles pouparem." Virei-me para Bob. "Então, me diga, quantos juros você está ganhando com esse dinheiro?", continuei.

A resposta de Bob me surpreendeu. "Não estou ganhando nada", ele respondeu. "Ele está dentro de uma mala enterrada no quintal."

Olhei para ele, sem acreditar. "Você tem $60 mil em dinheiro em uma mala enterrada no seu quintal?"

"Bem, na verdade, são $65 mil", ele corrigiu. "Também tenho algumas moedas de ouro na mala."

Eu fiquei sem palavras. No silêncio que se seguiu, alguém na primeira fileira se virou para Bob e perguntou "Só por curiosidade, onde você mora?"

A classe explodiu em gargalhadas. Esse foi um dos momentos mais engraçados que vivenciei em sala de aula. As pessoas continuaram a rir durante vários minutos.

Mas ao mesmo tempo, porém, a história de Bob me incomodou. Mas ele não era um caso raro. Não que eu pensasse que havia montes de pessoas enterrando seu dinheiro em malas no jardim. Mas certamente havia milhares, talvez milhões de pessoas por aí guardando dinheiro para uma eventualidade sem ganhar nenhum juro. E isso é quase tão ruim quanto o que Bob fazia.

Você leu certo. Não receber juros com seu dinheiro para emergências é quase tão ruim quanto enterrá-lo no seu quintal.

APROVEITE SEUS FUNDOS DE EMERGÊNCIA AO MÁXIMO

Quando as pessoas criam fundos de emergência, depositam seu dinheiro para "dias chuvosos" em uma conta-corrente ou poupança. Por que isso é um mau negócio? Porque a maioria dessas contas paga juros muito baixos, quando o fazem. Na verdade, a maioria dessas contas pode até lhe custar dinheiro — com taxas mensais, tarifas para saques em caixas eletrônicos, talões de cheques, saques no guichê do caixa etc.

A questão é, o que quer que você faça com sua reserva para emergências, encontre um banco confiável que cuide do dinheiro, mas também o faça crescer. Deposite seu dinheiro para emergências em uma conta no mercado monetário* que pague juros razoáveis.

Uma conta no mercado monetário é uma das alternativas mais simples e seguras para quem quer poupar algum dinheiro e receber juros justos. Quando você deposita dinheiro nesse tipo de conta, está na verdade, comprando títulos de um fundo do mercado monetário — um fundo mútuo que investe nos títulos mais seguros e com maior liquidez que existem: títulos de curto prazo do governo e, às vezes, títulos privados muito bem avaliados. Há apenas alguns anos, normalmente era necessário um mínimo de $10 mil para abrir essa conta. Por esse motivo, muitas pessoas ainda cometem o erro de achar que essas contas são para ricos. Na verdade, hoje pode-se abrir uma conta no mercado monetário com depósitos mínimos dentre $1 mil e $2 mil — e, em alguns casos especiais, até com um dólar. Isso mesmo — apenas um dólar.

PROCURE JUROS COMO VOCÊ
PROCURA UM CARRO

Hoje em dia, há literalmente milhares de contas no mercado monetário entre as quais escolher e, como tudo o mais, o custo e a qualidade variam muito. Assim, como quando você compra um carro, não tenha medo de pesquisar.

---

* Mercado para instrumentos da dívida a curto prazo [short-term debt instruments], certificados de depósito negociáveis, instrumentos negociáveis, letras do Tesouro etc. Conta bancária sensível aos movimentos do mercado. Seus fundos são líquidos — ou seja, estão disponíveis aos depositários em qualquer ocasião sem a imposição de multas. A taxa de juros é comparável à dos fundos mútuos do mercado financeiro. É garantida pela Sociedade Federal de Seguro de Depósito [Federal Deposit Insurance Corporation]. [N. da T.]

Talvez a variável mais importante seja a diferença da taxa de juros paga por essas contas. Não só há uma diferença enorme de um banco a outro, mas as taxas mudam todos os dias.

Desde o início dos anos de 1990, as taxas de juros em geral têm caído consistentemente — e, com elas, as taxas pagas pela maioria das contas do mercado monetário. Nessa época, eu as vi ir de cerca de 12% ao ano a estáveis 7% nos anos de 1990 a de 1 a 3% enquanto escrevia o livro original e agora abaixo de 1% (início de 2016). Eu espero que você veja essas taxas finalmente aumentarem nos próximos anos... pelo menos um pouco. Vamos torcer.

DESCOBRINDO AS TAXAS PAGAS PELO MERCADO MONETÁRIO

Para obter informações atualizadas sobre as taxas disponíveis, faça o seguinte.

1. Consiga uma cópia de uma publicação financeira como o *Wall Street Journal, Investors Business Daily* ou *Barron's*. Todas oferecem uma extensa lista das taxas de juros pagas por diferentes fundos do mercado monetário. Informações semelhantes (embora não tão detalhadas) são encontradas no *USA Today* ou talvez até em seu jornal local.

2. Se tiver acesso à internet, vá para www.bankrate.com [conteúdo em inglês]. Esse site não só permite que você compare taxas oferecidas por diferentes instituições, mas também indica o depósito mínimo exigido por cada uma

para abrir uma conta. Além disso, a busca pode ser feita por estado, o que é importante, pois alguns bancos oferecem contas-correntes e no mercado monetário sem cobrança de tarifas, dependendo do estado em que eles, e você, se encontram.

AGORA, LIGUE PARA O BANCO

Depois de conhecer os tipos de taxas disponíveis, você estará em melhor condição de questionar a instituição que atualmente cuida de sua reserva para dias chuvosos. Pergunte qual é a taxa de juros paga por seu dinheiro. Se a resposta for zero, pergunte se eles oferecem outras contas do mercado monetário. Em caso positivo, pergunte-lhes o que deve fazer para abrir uma e qual é a taxa de juros oferecida. Depois, compare as taxas pesquisadas em outras instituições.

Com base nessa comparação, talvez você decida que é melhor apenas passar seu fundo de emergência da conta que não paga juros para outra do mercado monetário do mesmo banco. Se esse for o caso, lembre-se de que só foi preciso fazer as perguntas certas para que seu dinheiro começasse a render juros. Por que o banco não lhe deu essas informações antes? O que você acha? É por isso que saber é poder.

Lembre-se, os ricos ficam ricos porque fazem o dinheiro trabalhar para eles. Agora é hora de você fazer o mesmo.

PARA UM NEGÓCIO AINDA MELHOR, PESQUISE CORRETORAS DE PREVIDÊNCIA PRIVADA

Na maioria dos casos, é possível conseguir contas no mercado monetário com rendimento melhor em corretoras do que em seu banco local. Há muitas corretoras renomadas que oferecem contas do mercado monetário. A lista nas próximas páginas não é ampla, mas é um ótimo começo — e provavelmente contém informações suficientes para você tomar sua decisão.

Quando contatar uma corretora, faça as seguintes perguntas:

1. De quanto é o investimento mínimo?

2. Posso criar um programa de investimento sistemático onde eu retire dinheiro de minha conta-corrente regularmente e o invista na conta do mercado monetário? (Certifique-se de que isso seja feito de modo automático.)

3. Se eu criar um plano de investimento sistemático, vocês reduzirão o mínimo a investir?

4. Vocês oferecem contas garantidas pelo governo? Qual é a taxa das contas do mercado monetário garantidas comparada às normais?

5. A conta oferece talões de cheque e, em caso positivo, qual o valor mínimo para preenchê-los? Ela oferece cartão de débito? (Mesmo que você use os cheques ou o cartão de débito só em emergências, é bom tê-los para o caso de precisar de acesso rápido ao dinheiro.)

6. O banco cobra tarifa sobre um saldo mínimo? (Algumas contas cobram uma tarifa mensal ou anual extra se seu saldo ficar abaixo de determinado valor. Certifique-se de pedir detalhes.)

LOCAIS EM QUE ABRIR
UMA CONTA NO MERCADO MONETÁRIO

Enumerei os bancos e corretoras a seguir de acordo com a quantia mínima a ser depositada para a abertura da conta, em ordem crescente de valor. Compare que empresa oferece a melhor taxa de juros e tarifas mais baixas, visto que produtos novos estão sempre sendo criados [sites a seguir com conteúdo em inglês].

Ally Bank (Sem exigência de investimento mínimo)
1-877-247-2559
www.ally.com

O Ally Bank começou como uma subsidiária da General Motors antes de atuar como uma empresa separada durante a reorganização da GM após a crise. Hoje, ela é um banco online competitivo que oferece uma boa variedade de produtos de poupança. O Ally oferece uma das maiores taxas disponíveis, em 0,86%. Ele não cobra taxas de manutenção mensais, não exige saldos mínimos e oferece depósitos e saques ilimitados no caixa automático. Também é garantido pela FDIC [Federal Deposit Insurance Corporation], o que sempre é um fator importante.

GSBank (sem exigência de investimento mínimo)
1-800-836-1997
www.gsbank.com

O GSBank.com (uma divisão da Goldman Sachs, que atua desde 1869) hoje oferece uma das maiores taxas de juros para contas de poupança. A Goldman veio para o mercado recentemente com este novo produto e eles são agressivos, com algumas das taxas mais elevadas do setor. Na verdade, enquanto escrevo esta edição, eles oferecem um rendimento anual de 1,05% para a conta poupança online, que não exige depósito mínimo inicial. Você pode abrir uma conta nova em minutos no site e facilmente associá-la à sua conta-corrente normal, sem cobrança de nenhuma tarifa. Eles também oferecem CDs de um e cinco anos com taxas muito competitivas.

Capital One (sem exigência de investimento mínimo)
1-800-289-1992
www.capitalone.com

Quando você visitar o site da Capital One, certifique-se de clicar no 360 Money Market. Ele está atualmente em 1,00%. Se você tem menos que $10 mil para investir, clique na 360 Savings, onde não há um mínimo hoje a uma taxa de .75% APY [porcentagem de rendimento anual). Você também pode arranjar o depósito direto de seu salário e as contas oferecem acesso móvel. Além disso, seus fundos são garantidos pelo governo até $250 mil.

EverBank (mínimo de $1.500)
1-888-882-3837
www.everbank.com

O Everbank oferece uma conta do mercado monetário chamada Yield Pledge que promete um retorno que sempre estará entre os 5% mais altos de contas competitivas. Enquanto escrevo, a taxa é de 1,11%. O Everbank proporciona serviços para os clientes pela internet, pelo telefone e pelo correio, visto que seus centros financeiros estão baseados na Flórida e em outros escritórios em todo o país.

Fidelity Investments (Mínimo de $2.500)
1-800-FIDELITY (343-3548-9)
www.fidelity.com

Um dos principais fornecedores de fundos mútuos e contas de títulos, a Fidelity também tem várias filiais que você pode visitar para obter orientação e realizar negócios. A Fidelity oferece várias contas do mercado monetário. Você pode abrir uma conta básica que lhe permite possuir um talão de cheques com um depósito mínimo de $2.500. Eles podem enviar-lhe os formulários pelo correio para abri-la ou você pode visitar uma de suas filiais e fazer a operação pessoalmente. Eles também permitem depósitos diretos e podem estabelecer um plano de investimentos sistemáticos.

Vanguard (mínimo de $3.000)
1-877-662-7447
vanguard.com

A Vanguard é conhecida por oferecer uma das contas de mercado monetário de menor custo e maior rendimento. Com um depósito inicial de $3.000, é possível abrir uma conta básica que lhe permite preencher cheques no valor de $250 ou mais. Ela também permite a transferência direta de seu salário e pode criar um plano de investimento automático com débito em sua conta-corrente. A conta pode ser aberta online ou pelo correio.

Charles Schwab ($2.500)

1-866-855-9102

www.schwab.com

A Charles Schwab tem escritórios em todo o país além de um site de fácil consulta. Para abrir uma conta no mercado monetário é preciso realizar um depósito inicial de no mínimo $2.500.

NÃO SE ARRISQUE

Historicamente, as contas do mercado monetário são consideradas como os investimentos mais seguros do mundo, praticamente no mesmo nível de certificados de depósito bancário. Enquanto escrevia este livro, porém, as taxas de juros apresentavam baixas históricas e se continuarem assim por algum tempo, os bancos e corretoras terão dificuldade cada vez maior em ganhar dinheiro.

Por causa disso, recomendo que você invista apenas em contas do mercado monetário consagradas em instituições financeiras renomadas. Sempre pergunte há quanto tempo o fundo existe, que tipo de retorno anual oferece e qual é o quociente de despesas (isto é, quanto custa à instituição administrar o fundo). Para realmente se proteger, talvez seja melhor aceitar uma taxa de juros menor e abrir uma conta que tenha garantia do governo.

SUPERANDO OS MÍNIMOS

Muitas corretoras lhe dirão que para abrir uma conta de mercado monetário com elas será preciso fazer um depósito inicial de, pelo menos, $2 mil. Se o valor for muito alto para você, não desista — geralmente é possível contornar o problema. Pergunte se eles oferecem um fundo do mercado monetário que aceite investimentos sistemáticos. A maioria aceita e, em geral, se você assinar um compromisso em que concorda em fazer investimentos mensais regulares, eles permitirão que você abra a conta de corretagem para investir em um fundo do mercado monetário com até $100. (Lembre-se, porém, de que se você abrir uma conta nessas condições, geralmente não receberá talão de cheques ou cartão de débito.)

COMO AUTOMATIZÁ-LA

E, por fim, você preferirá manter seu fundo para dias chuvosos separado de sua conta-corrente. Embora você possa colocar o dinheiro na mesma conta que usa para pagar suas despesas, não é uma boa ideia. Quando você mantém o dinheiro para seus gastos e para emergências no mesmo lugar, é muito fácil recorrer ao dinheiro reservado para pagar despesas mensais — e antes que se dê conta, seu fundo para emergências terá desaparecido. Então, veja o que fazer.

SEU FUNDO PARA DIAS CHUVOSOS, PASSO A PASSO

1. Usando a lista anterior assim como pesquisas próprias, escolha um banco ou corretora que ofereça boas taxas de mercado e abra uma conta do mercado monetário. Se você tiver mais que $1 mil para depositar, encontrará uma que ofereça o privilégio de talões de cheque e cartão de débito. (Porém, use-os só em caso de emergência.) Se não tem esse valor, abra uma conta sem a opção de talões de cheque.

2. A melhor forma de abastecer a sua conta para dias difíceis é AUTOMATIZANDO-A. Para tanto, verifique se seu empregador depositará seu salário nela. (Outra vez, você só precisa contatar o departamento pessoal e perguntar se a empresa oferece o depósito direto do salário.) Caso ela o faça, arranje para que parte ou todo o seu salário seja depositado automaticamente onde você quiser. O empregador só precisará do número da conta.

3. Decida quanto poupará cada mês. Sugiro que você tente separar, pelo menos, 5% de seu salário líquido na conta de poupança todos os meses. Provavelmente, seu empregador quererá que você especifique uma quantia exata, então faça as contas e informe o resultado.

4. Caso seu empregador não faça o depósito automático em sua conta do mercado monetário, arranje para que a quantia seja transferida automaticamente da conta-corrente para a conta poupança. Há duas formas de fazê-lo.

Instrua o banco onde mantém a conta-corrente para transferir uma quantia específica a cada duas semanas para a conta do mercado monetário ou que o banco ou corretora que cuida de sua reserva fazer o que se chama de retirada sistemática de sua conta-corrente, na qual o dinheiro é debitado automaticamente em certo dia do mês e transferido. De qualquer forma, tudo é automatizado e, na maioria dos casos, é possível contratar o serviço online.

DEIXE O GOVERNO AJUDAR!

Vou lhe contar sobre um meio realmente seguro e simples de automatizar o seu fundo para dias chuvosos. O governo facilitou em muito a tarefa de comprar títulos online. Se você estiver procurando um investimento seguro para seu dinheiro garantido pelo governo dos EUA, pode considerar um investimento em títulos de poupança dos Estados Unidos.

VISITE WWW.TREASURYDIRECT.GOV

O site do tesouro direto do governo www.treasurydirect.gov [conteúdo em inglês] oferece um meio incrivelmente fácil para investir a partir de $50 por mês automaticamente em dois tipos de títulos de poupança dos EUA, I-Bonds (corrigidos pela inflação) e EE Bonds. Você pode encontrar as taxas para ambos visitando www.treasurydirect.gov.

TUDO SOBRE TÍTULOS DE INFLAÇÃO

Os títulos também são conhecidos como Títulos de Inflação porque sua taxa de juros é indexada pela inflação. O retorno é calculado como a combinação de uma taxa fixa de rendimento e uma taxa semianual baseada no índice de preços ao consumidor, de modo que se a inflação se elevar outra vez, o rendimento desses títulos aumenta — e você fica protegido de se ver preso a uma taxa baixa. (Quando escrevi este livro, a taxa de juros dos I-Bonds era de 1,64%.)

Outras características dos I-Bonds:

- Valor mínimo de compra de apenas $25. (Durante um ano pode-se comprar o máximo equivalente a $10 mil.)

- Os juros geralmente são adicionados por mês.

- I-Bonds são vendidos pelo valor nominal. Isso significa que se você comprar I-Bonds no valor de $100, pagará $100 em dinheiro.

- I-Bonds pagam juros por até 30 anos.

- Você pode vender os I-Bonds depois de um ano — apesar de se você os vender antes de cinco anos, será penalizado com o equivalente a três meses de juros. (Essa pode parecer uma penalidade dura, mas considerando as taxas elevadas pagas por esses títulos, não é assim.)

TUDO SOBRE EE BONDS

EE Bonds, também conhecidos como Títulos Patriotas, são títulos não corrigidos pela inflação. Sua taxa de juros é calculada como 90% de média de seis meses do Rendimento de Títulos Negociáveis do Tesouro de cinco anos. Parece complicado, mas só significa que eles pagam 90% do rendimento que você obteria de uma nota do tesouro de cinco anos. Em 2016, a taxa de um EE Bond era de 0,10%. Eles podem ser vendidos já depois de um ano — mas, assim como com o I-Bond, você perderá os três últimos meses de juros ganhos.

COMO AUTOMATIZAR A COMPRA DE TÍTULOS DE POUPANÇA

O governo facilitou a tarefa de automatizar a compra de títulos. Vá até **www.savingsbonds.gov** [conteúdo em inglês] e clique em "Easy Saver Plan" [Plano Fácil do Poupador] no alto da página. Você será direcionado a uma página que explica como arranjar um plano de compra automático de títulos de poupança dos EUA.

O Plano Fácil do Poupador do governo é feito sob medida para Automaticamente Milionários. Entre outras coisas, ele possibilita que você

- compre títulos por débito automático em sua conta-corrente ou poupança ou use a dedução da folha de pagamentos, se a empresa a oferecer;

- abra a conta online em alguns minutos (ou se quiser, baixe os formulários, preencha-os e envie-os pelo correio ou fax).

VOCÊ GANHA DE QUALQUER JEITO

Você deve estar se perguntando onde eu depositaria meu dinheiro para dias chuvosos — em uma conta do mercado monetário ou em títulos de poupança do governo? Ambos apresentam vantagens. Contas do mercado monetário oferecem maior liquidez (você pode resgatar seu dinheiro com rapidez e facilidade sem ficar sujeito a penalidades). Mas, pelo menos agora, os títulos de poupança do governo pagam uma taxa de juros mais elevada (por que são considerados investimentos de prazo mais longo que as contas do mercado monetário) e é muito fácil comprá-los automaticamente com um depósito inicial muito pequeno. Para muitas pessoas, ter os dois é uma excelente opção.

E SE EU TIVER DÍVIDAS?

Se você tiver dívidas no cartão de crédito, deve mudar a ordem de suas ações. Recomendo às pessoas com débitos elevados no cartão de crédito que depositem apenas o equivalente a um mês de despesas em sua conta de títulos e então se concentrem em pagar seu débito. Por quê? Porque não faz sentido ter dinheiro que rende 1% de juros em uma conta do mercado monetário enquanto você paga juros de 20% sobre a dívida do cartão de crédito.

Mais adiante neste livro, você encontrará um capítulo sobre débitos no cartão de crédito. Quando terminar de lê-lo, saberá como reduzir a taxa de juros cobrados por eles mais depressa — e quitar o débito rapidamente — que a maioria das pessoas.

Primeiro, porém, descubra o verdadeiro segredo de ficar rico enquanto ainda é jovem: tornar-se proprietário de um imóvel.

ETAPAS DE AÇÃO
DO AUTOMATICAMENTE MILIONÁRIO

Ao rever o que mostramos neste capítulo, veja o que fazer agora para garantir sua segurança financeira automática.

- ❑ Decida que vai criar um anteparo de dinheiro para emergências (de preferência, o equivalente a três meses ou mais de despesas).

- ❑ Decida que vai obter juros com sua poupança (e aproveitar ao máximo o seu dinheiro).

- ❑ Abra uma conta do mercado monetário para dias chuvosos investindo em títulos de poupança dos EUA.

- ❑ AUTOMATIZE o seu fundo para dias chuvosos e deixe-o crescer até atingir um valor que o deixe tranquilo.

VOCÊ ESTÁ QUASE NO FIM

Talvez seja difícil acreditar, mas assim que você automatizar seu futuro e seu fundo para dias chuvosos, estará perto de colocar todo seu plano financeiro no piloto automático.

Imagine nunca mais ter que se preocupar com dinheiro! Bem, é isso que significa ser Automaticamente Milionário — e é isso que você está prestes a se tornar.

CAPÍTULO SEIS

CASA PRÓPRIA AUTOMÁTICA SEM DÍVIDAS

De todos os segredos sobre segurança financeira que conto neste livro, há três que se destacam em termos de importância e eficiência. O primeiro é decidir Pagar-se Primeiro 10% de sua renda antes dos impostos. O segundo é Automatizar o Processo. O terceiro é…

COMPRAR UMA CASA E QUITÁ-LA AUTOMATICAMENTE

Neste capítulo, vamos analisar por que você deve ter sua casa própria — e ainda, mais importante, como pagá-la automaticamente para ficar livre do débito antes de estar velho demais para aproveitá-la.

Então, vamos começar.

Jovem ou velho, você quer um lugar seu para morar. Por quê? É simples. **Você não fica rico pagando aluguel**. E, como diz o velho ditado, proprietários enriquecem e locatários ficam pobres.

Pense no assunto. Como locatário, você gastará com facilidade meio milhão de dólares ou mais em aluguel ao longo dos anos ($1.500 por mês somam $540 mil), e no final acabará do jeito que começou — sem nada. Ou você pode comprar uma casa e gastar a mesma quantia pagando a hipoteca e acabar com uma casa própria livre de débitos!

A verdade é que você só entra realmente no jogo de construir riqueza ao ser dono de um imóvel.

VOCÊ DEVE SE TORNAR SEU PRIMEIRO SENHORIO

Vários estudos mostraram que pessoas que têm uma casa própria acabam com um patrimônio líquido médio muitas vezes maior que os que a alugam. Segundo um levantamento sobre finanças do consumidor publicado pelo Federal Reserve [FED — Banco Central dos Estados Unidos] em setembro de 2014, o patrimônio líquido médio de locatários era de $5.400 vs. $195.400 de proprietários. Em outras palavras, proprietários são 36 vezes mais ricos que inquilinos! E, sim, isso ocorre mesmo após a correção do preço dos imóveis mais recente. Na verdade, no longo prazo, ser proprietário de um imóvel é um ótimo investimento.

Mas ainda mais importante que o dinheiro é a sensação que a propriedade proporciona. Quando você é proprietário, tem a segurança de formar um patrimônio e viver em um lugar que lhe pertence. Você não fica à mercê de um senhorio que pode aumentar o aluguel ou despejá-lo.

Assim, se você hoje paga aluguel, comprar um local para morar (seja uma casa ou um apartamento) deve ser uma prioridade. Mas é realmente possível comprar uma casa e pagá-la de um jeito fácil e automático? A resposta é sim e neste capítulo você vai aprender o que fazer.

A COMPRA DA CASA PRÓPRIA, DE UM JEITO FÁCIL E SEM DÍVIDAS

Quando conheci Jim e Sue McIntyre, um aspecto de sua história que de fato me impressionou foi o quanto se beneficiaram com a compra de uma casa e quitá-la rapidamente. Lembre-se, eles compraram a casa ainda relativamente jovens e, sem fazer nada mais complicado que acelerar um pouco os pagamentos, conseguiram quitar a hipoteca de 30 anos em menos de 20. Então, eles alugaram a primeira casa para obter uma renda extra e compraram outra, que também quitaram em menos de 20 anos.

Quando chegaram aos 50 anos, os McIntyres tinham dois imóveis totalmente quitados. Como resultado, eles puderam se aposentar cedo — sem dívidas, com quase 1 milhão de dólares em imóveis e um fluxo de caixa positivo.

Todos deveríamos ter uma vida assim. E, na verdade, nós podemos! Veja como.

PRIMEIRO PASSO: COMPRE UMA CASA

Então, você quer ser um milionário? Como eu disse, há apenas três coisas que precisa fazer: (1) decidir Pagar-se Primeiro 10% do que ganha, (2) Automatizar o Processo e (3) comprar uma casa e quitá-la rapidamente.

Se acha que não é só isso, você está certo. É preciso ser esperto ao colocar essas medidas em prática. Como já vimos, quando se trata de Pagar-se Primeiro, deve automatizar o processo e investir em planos com isenção de impostos. Ocorre o mesmo ao comprar uma casa: seja esperto ao pagá-la para não gastar uma fortuna no financiamento. Falaremos sobre isso em detalhes logo mais. Primeiro, porém, saiba por que comprar uma casa é tão importante.

SEIS RAZÕES POR QUE IMÓVEIS SÃO ÓTIMOS INVESTIMENTOS

Na verdade, há inúmeras razões pelas quais imóveis são ótimos investimentos. Aqui estão as seis mais importantes.

1. Poupança Compulsória. Apesar da impressão passada pela mídia, são poucas as pessoas que perdem as casas pela execução da hipoteca. Segundo a Associação Americana de Bancos de Hipoteca, os bancos executam menos que 1,9% das hipotecas residenciais. Isso ocorre porque os proprietários fazem de tudo para não perder suas casas. Assim, encare o negócio como uma espécie de programa de poupança compulsória em que, para mantê-la, você assume o compromisso de fazer uma contribuição mensal (na forma do pagamento da hipoteca) para um dos melhores investimentos do mercado — a compra de uma casa.

2. Alavancagem.

Umas das táticas financeiras usadas por grandes empresários é algo chamado alavancagem — usar dinheiro emprestado para multiplicar seus ganhos potenciais. Quando você compra uma casa, também paga pelo jogo da alavancagem.

Veja como funciona. Digamos que você esteja comprando uma casa no valor de $250 mil com uma entrada de 20%. Isso significa que você está pagando $50 mil com seu dinheiro e pegando emprestado os $200 mil restantes do banco. Como você pagou apenas 1/5 do valor da compra, tem uma alavancagem de cinco para um. Agora, suponhamos que o valor da casa aumente nos próximos cinco anos para $300 mil. Considerando que você pagou apenas $50 mil, o aumento de $50 mil no valor significa que você dobrou seu dinheiro. Este é o poder da alavancagem.

Nos últimos cinco anos, o preço de muitas casas dobrou. Pense em que isso significa em termos de alavancagem. Se você investiu $50 mil em uma casa de $250 mil há cinco anos e agora ela vale $500 mil, ganhou $250 mil com um investimento de $50 mil. Em círculos de investimentos, isso se chama *five-bagger* — um incrível lucro de 500% no seu dinheiro.

3. OPM.

OPM significa "other people's money" [dinheiro de outras pessoas]. Esse termo é muito usado entre investidores espertos. Discutimos antes como os ricos fazem o dinheiro trabalhar para eles em vez de trabalhar por ele. Bem, pessoas *realmente* ricas não só fazem o dinheiro trabalhar para elas, mas fazem o dinheiro de outras pessoas trabalhar para elas. Quando você compra uma casa, está fazendo exatamente isto — usando o dinheiro do banco para ficar rico. Enquanto isso, seu dinheiro pode estar trabalhando para você em outro lugar — por exemplo, acumulando juros compostos em uma conta de aposentadoria.

4. Incentivos Fiscais.

Ao permitir que você deduza o custo dos juros que paga na hipoteca (no máximo $1 milhão), o governo lhe oferece um enorme incentivo para se tornar proprietário de um imóvel. Quanto maior a faixa de juros, mais o governo o ajuda a comprar uma casa. Se você estiver na faixa de impostos de 30%, o governo basicamente está subsidiando quase 1/3 do pagamento de sua hipoteca (principalmente nos primeiros anos, quando a maior parte das mensalidades é destinada aos juros).

5. Orgulho de Proprietário.

Quando você adquire sua casa própria, é dono de um pedaço do Sonho Americano. Quando finca raízes, torna-se parte de uma comunidade e usufrui a sensação de orgulho que acompanha a propriedade. Esta é mais que uma sensação vaga e agradável; é algo que dá a você e aos entes queridos uma sensação real de segurança.

6. Está Provado que Imóveis São um Ótimo Investimento.

Para a maioria das pessoas, o melhor investimento que fizeram foi a compra da casa. (Se seus pais têm casa própria, pergunte isso a eles.) Mas isso ainda é verdade? Quando os preços dos imóveis nos EUA subiram consistentemente no final dos anos de 1990 e no início do século XXI, algumas pessoas se preocuparam com a possibilidade de estarmos vivenciando uma "bolha" imobiliária semelhante à que vimos no aumento injustificado do preço das ações das pontocom*. Mas casas não são ações. Elas não são negociadas na bolsa de valores. Você não pode comprá-las e vendê-las com um clique do mouse. Sim, os valores dos imóveis dispararam e, sim, houve alguns anos ruins e alguns momentos desfavoráveis. Mas os momentos desfavoráveis sempre foram temporários. No longo prazo, os preços dos imóveis quase sempre sobem e comprar uma casa quase sempre dá muito certo. Segundo dados compilados pela Associação Nacional dos Corretores de Imóveis, desde 1968 (quando começaram a manter registros), os lucros de investimentos em imóveis atingiram uma média de 5,3% ao ano.

---

* De fato, o temor se concretizou com a crise hipotecária de 2008 devido a uma bolha imobiliária causada pelo aumento abusivo do valor dos imóveis que não foi acompanhado por um aumento de renda da população. [N. da T.]

E O PAGAMENTO DA ENTRADA?

O principal motivo pelo qual as pessoas adiam a compra da casa própria é acharem que não podem arcar com essa despesa. Em geral, elas estão enganadas.

Em especial, futuros compradores de imóveis têm pavor da entrada. Muitas vezes, eles pensam que precisam pagar milhares ou dezenas de milhares de dólares em espécie a fim de conseguir um financiamento. Isso não é verdade. Há muitos tipos de programas patrocinados por empreiteiras, financeiras e até instituições governamentais que permitem que novos compradores financiem de 95% a 97% ou até 100% do preço de compra. Embora seja arriscado pegar emprestado esse montante (se você não tiver condições de efetuar os pagamentos mensais), também é uma forma de escapar do aluguel e passar para uma casa própria muito mais depressa do que poupando dinheiro suficiente para pagar uma grande entrada.

BILHÕES DE DÓLARES ESTÃO DISPONÍVEIS PARA AJUDÁ-LO A COMPRAR

Após a recessão de 2007, o governo reconheceu a necessidade de ajudar as pessoas a continuar a comprar uma casa. Hoje ainda existem muitos programas para facilitar que novos compradores, veteranos, fazendeiros etc., se tornem proprietários. Além disso, o governo também está criando produtos para reduzir o custo geral das hipotecas para quem compra uma casa pela primeira vez.

ÓRGÃOS E EMPRESAS QUE O AJUDARÃO A COMPRAR SUA CASA

U.S. Department of Housing and Urban Development
www.hud.gov

A missão do HUD [Departamento de Desenvolvimento Imobiliário e Urbano] é criar oportunidades para a compra da casa própria. Para tanto, ele oferece todos os tipos de suporte para futuros compradores, incluindo subsídios para a primeira compra. Se você vai comprar sua primeira casa, visite o site [conteúdo em inglês]! Ele oferece vários recursos sobre como comprar, que tipo de auxílio a HUD oferece e como se qualificar para ele. É possível participar de um chat online com um representante e ser encaminhado para um consultor imobiliário em sua área.

National Council of State Housing Finance Agencies
www.ncsha.org

Se você está adquirindo a sua primeira casa, talvez se qualifique para programas de financiamento criados especialmente para ajudar pessoas como você. O site do NCSHA [conteúdo em inglês] contém links para órgãos de financiamento imobiliário que possibilitam a compra de um imóvel com uma entrada inferior a 5%. Ao visitar este site, clique na lista de membros, depois no seu estado para informações de contato sobre a agência de financiamento habitacional local. Ligue para ela e diga-lhes que está comprando sua primeira casa e procura um banco em sua região que participa do programa de financiamento habitacional estadual.

Fannie Mae

1-800-732-6643

www.fanniemae.com

A Associação de Financiamento Federal Nacional conhecida como Fannie Mae, é uma empresa de capital aberto que atua sob um *congressional charter* [lei aprovada pelo Congresso dos Estados Unidos que declara a missão, a autoridade e as atividades de um grupo] a fim de aumentar a disponibilidade e acessibilidade de imóveis para norte-americanos de classe baixa, mediana e média. A Fannie Mae não faz os empréstimos, mas proporciona financiamento que possibilita aos bancos emprestar dinheiro aos consumidores. Ela também oferece assistência para obtenção de hipotecas e consultoria financeira gratuita.

Freddie Mac

1-800-373-3343

www.freddiemac.com

Desde 1970, a Freddie Mac (ou, Federal Home Loan Mortgage Corporation) financiou 71 milhões de imóveis nos EUA. A Freddie Mac não oferece financiamentos a proprietários. Ela oferece financiamento que possibilita a outras financeiras proporcionar empréstimos acessíveis. Vale visitar seu site [conteúdo em inglês] — principalmente a seção para compradores de imóveis. A Freddie Mac também tem um site relacionado em www.homesteps.com, destinado a ajudar novos compradores de imóveis a encontrar uma casa por ótimo preço e obter aprovação de um empréstimo em uma simples etapa. Isso é possível listando os leilões de imóveis com execução de hipoteca em todo o país e fornecendo informações sobre programas de financiamento que permitem a possíveis compradores adquirir essas propriedades.

PROGRAMAS DE EMPRÉSTIMOS A CONSIDERAR

FHA LOANS

A FHA é a agência dentro do HUD que oferece seguro hipotecário para as empresas, assim dando-lhes segurança para financiar compradores da primeira casa própria que, de outra forma, teriam dificuldade em se qualificar para um empréstimo. Em muitos casos, os empréstimos da FHA cobrem até 97% do valor de compra e podem ser usados para comprar um segundo ou terceiro imóvel.

VA LOANS

O Departamento dos Assuntos de Veteranos dos Estados Unidos oferece um programa que garante empréstimos hipotecários para veteranos das forças armadas dos EUA. O VA oferece empréstimos para quem compra sua primeira ou segunda casa.

STATE BOND LOANS

A maioria dos estados oferece programas de títulos individuais destinados a ajudar quem compra a primeira casa própria. Peça detalhes ao gerente ou especialista em hipotecas em seu banco local. Como dito anteriormente, visite o site da National Council of State Housing Finance Agencies (www.ncsha.org) [conteúdo em inglês], para mais informações sobre esses programas.

O ALUGUEL QUE VOCÊ PAGA HOJE PODE COMPRAR SUA CASA AMANHÃ

Muitas pessoas não se dão conta de que a mesma quantia que gastam no aluguel hoje pagaria uma casa amanhã. Enquanto escrevo (2016), as taxas de juros continuam baixas como há 45 anos. Elas poderão estar mais altas quando você ler o livro, mas vamos usar os cálculos que temos no momento. Para simplificar, para cada $1 mil que você pagar em aluguel, você poderia sustentar uma hipoteca equivalente a $125 mil (incluindo impostos e seguro). Em outras palavras, se hoje você paga um aluguel de $2 mil por mês, poderia fazer pagamentos de uma hipoteca de $250 mil. Na maior parte do país, esse valor é suficiente para comprar uma bela casa!

QUE TIPO DE CASA VOCÊ PODE COMPRAR?

Segundo a FHA, uma boa regra é que a maioria das pessoas tem condições de gastar 29% de sua renda bruta em despesas de habitação — até 41% se não tiverem dívidas.

Renda Bruta Anual	Bruto Mensal	29% do Bruto	41% do Bruto
$20.000	$1.667	$483	$683
$30.000	$2.500	$725	$1.025

Renda Bruta Anual	Bruto Mensal	29% do Bruto	41% do Bruto
$40.000	$3.333	$967	$1.367
$50.000	$4.176	$1.208	$1.712
$60.000	$5.000	$1.450	$2.050
$70.000	$5.833	$1.692	$2.391
$80.000	$6.667	$1.933	$2.733
$90.000	$7.500	$2.175	$3.075
$100.000	$8.333	$2.417	$3.417

Como mostra a tabela anterior, se você ganhar $50 mil por ano, teria condições de gastar, pelo menos, $1.208 por mês em habitação — seja para o pagamento do aluguel ou um financiamento. Tendo em mente que possuir uma casa é melhor que alugá-la, verifique a tabela a seguir. Ela mostra quais seriam os pagamentos mensais em diferentes tipos de hipoteca de 30 anos a diferentes taxas de juros. (Ela não inclui impostos ou seguro; para adicioná-las ao cálculo, pesquise quais elas são em sua área.)

PAGAMENTOS DE HIPOTECA TÍPICOS

Valor Hipoteca	4,0%	4,5%	5,0%	5,5%	6,0%	6,5%	7,0%
	Pagamentos mensais (principal e juros) para uma hipoteca de 30 anos com taxas fixas. Impostos e seguro não incluídos.						
$100.000	$477	$507	$537	$568	$600	$632	$668
$150.000	$716	$760	$805	$852	$899	$948	$998
$200.000	$955	$1.013	$1.074	$1.136	$1.199	$1.264	$1.131
$250.000	$1.194	$1.267	$1.342	$1.419	$1.499	$1.580	$1.663
$300.000	$1.432	$1.520	$1.610	$1.703	$1.799	$1.896	$1.996

(continua)

(continuação)

PAGAMENTOS DE HIPOTECA TÍPICOS						
Pagamentos mensais (principal e juros) para uma hipoteca de 30 anos com taxas fixas. Impostos e seguro não incluídos.						
$350.000	$1.680	$1.773	$1.879	$1.987	$2.098	$2.212	$2.329
$400.000	$1.910	$2.027	$2.147	$2.271	$2.398	$2.528	$2.661
$450.000	$2.148	$2.280	$2.415	$2.555	$2.698	$2.844	$2.994
$500.000	$2.387	$2.533	$2.684	$2.839	$2.998	$3.160	$3.327

O SEGREDO DO SUCESSO: OBTER O FINANCIAMENTO IDEAL

Chegamos à parte mais importante deste capítulo: como pagar sua casa e livrar-se do débito automaticamente. Comprar a casa não é suficiente. Na verdade, geralmente comprar a casa é a parte mais fácil. O grande desafio está em calcular como pagá-la. De fato, o segredo para fazer que tudo isso funcione financeiramente é obter a hipoteca certa.

Há muitos tipos de hipotecas. Cada um apresenta vantagens e desvantagens. Vamos ver quais estão disponíveis e então direi como o Automaticamente Milionário escolhe um deles.

SITES PARA AJUDÁ-LO A ENCONTRAR E FINANCIAR UMA CASA

www.citimortgage.com

www.eloan.com

www.homepath.com

www.lendingtree.com

www.realtor.com

www.rocketmortgage.com (antes QuickenLoans)

www.wellsfargo.com

[conteúdos em inglês]

TIPOS DE HIPOTECA

30 ANOS COM TAXAS FIXAS

Características	Prós	Contras	Para quem essa hipoteca é indicada?
"Swap" de taxa de juros da hipoteca permanece o mesmo nos 30 anos de vida do empréstimo.	Fixa a taxa de juros e o protege de aumentos. Os pagamentos são iguais todos os meses. Fácil de rastrear e monitorar.	Você fica preso a uma taxa durante 30 anos, a menos que refinancie.	Se você for conservador e planeja ficar em sua casa durante muito tempo (pelo menos, de 7 a 10 anos), esta oferece os maiores benefícios e flexibilidade.

15 ANOS COM TAXAS FIXAS

Características	Prós	Contra	Para quem essa hipoteca é indicada?
Semelhante à hipoteca de 30 anos, mas com taxa e financiamento de 15 anos.	A taxa para 15 anos é menor do que para a de 30. Você quita a casa e fica livre do débito em 15 anos. Também fácil de rastrear e monitorar.	Os pagamentos mensais são maiores do que em uma hipoteca de 30 anos.	Se você for mesmo um poupador dedicado e planeja viver na casa mais que 10 anos, este é um ótimo empréstimo. Você pode fixar uma taxa e livrar-se do débito em uma década e meia.

TIPOS DE HIPOTECA

TAXAS AJUSTÁVEIS DE CURTO PRAZO (5 ANOS OU MENOS)

Características	Prós	Contras	Para quem essa hipoteca é indicada?
Taxas de juros podem ser fixas por 6 a 12 meses. Algumas dessas hipotecas têm taxas que variam todos os meses.	Você obterá taxas de juros muito favoráveis de modo que os pagamentos mensais serão muito menores nesta hipoteca.	Se as taxas de juros aumentarem depressa, talvez você tenha dificuldades em efetuar os pagamentos.	Esses empréstimos costumam ser usados por pessoas que querem pagar as mensalidades mais baixas possíveis. Eles são ideais para quem pode assumir riscos e não espera viver na casa mais que alguns anos. Um ótimo negócio se as taxas continuarem baixas.

TAXAS INTERMEDIÁRIAS AJUSTÁVEIS (MUITAS VEZES CHAMADAS DE 3/1, 5/1, 7/1, OU 10/1 ARM)

Características	Prós	Contras	Para quem essa hipoteca é indicada?
A taxa de juros se mantém fixa por um período específico e depois é ajustada por ano ou a cada seis meses com base nas taxas praticadas.	Taxas relativamente baixas.	Sua taxa se mantém fixa só por um período limitado. Se as taxas aumentarem, o mesmo acontece com seus pagamentos mensais.	Ótima para pessoas que buscam taxas e mensalidades baixas que não planejam manter o imóvel por muito tempo. Quanto mais tempo as taxas ficarem fixas, maiores serão os pagamentos e menor o risco.

POR QUE FAZ SENTIDO CONTRATAR UMA HIPOTECA DE 30 ANOS

Então, que tipo de hipoteca você deve escolher? Minha primeira opção para a maioria das pessoas é a hipoteca de 30 anos com juros fixos. Por quê? Bem, para começar, elas são simples. E também são um ótimo negócio quando as taxas de juros estão baixas, visto que ficarão fixas pelos próximos 30 anos.

O que é uma taxa baixa? Historicamente, qualquer valor inferior a 8% é considerado muito baixo. Em 2005, as taxas de hipotecas de 30 anos estavam abaixo de 6%. Para saber quais são as taxas atualmente, visite os sites listados nas páginas 182-83 ou consulte o jornal local.

Meus sites preferidos na internet para pesquisar taxas de hipotecas são o www.eloan.com e www.yahoo.com [conteúdo em inglês] (clique em "Finance" e depois em "Loans" e "Rates"). Os dois sites são fáceis de usar e lhe permitem pesquisar taxas sem ter que dar informações pessoais. Dois outros sites ótimos para obter informações sobre taxas de hipotecas são www.lendingtree.com e www.quickenloan.com (hoje rocketmortgage.com) [conteúdo em inglês].

COMO VOCÊ PODE SER ENGANADO POR UMA HIPOTECA DE 30 ANOS

Um aspecto importante das hipotecas de 30 anos é o fato de manterem uma taxa fixa durante esse período. Outro fator importante é que é relativamente fácil pagá-las. Afinal, os pagamentos mensais em 30 anos são menores do que em uma hipoteca de 15. Mesmo assim, a maioria das pessoas se sente enganada com essas hipotecas, pois não quer ficar com essa dívida por tanto tempo. Por quê? Porque não querem passar a vida toda pagando a casa.

Infelizmente, hipotecas de 30 anos acabam sendo mais lucrativas para o banco do que para o mutuário. As contas são simples. Digamos que você compre uma casa por $250 mil. Se contratar uma hipoteca de 30 anos a 5%, os pagamentos mensais nesses 30 anos somarão cerca de $480 mil. Pense nisso. Você comprou uma casa por $250 mil e, na verdade, ela lhe custará $480 mil. Para onde foram os $230 mil restantes? Foram para pagar os juros da hipoteca — ou seja, foram para o cofre do banco, não para a sua casa.

O que transforma hipotecas em um problema para a maioria das pessoas é que elas moram em suas casas por menos que 10 anos. A média é de apenas de 5 a 7 anos. Então, se você mora em uma casa por, digamos, 7 anos e então a vende, terá pago somente 4% do principal! Isso mesmo! Na média, **durante os primeiros 10 anos de seu empréstimo, mais de 90% dos pagamentos vão para os juros**. Isso significa que dezenas de milhões de norte-americanos com hipotecas de 30 anos estão desperdiçando uma fortuna ao pagar suas casas dessa forma.

COMO POUPAR O EQUIVALENTE A UMA DÉCADA DE TRABALHO

É difícil ficar livre de dívidas — muito mais ficar rico — quando praticamente todos os pagamentos de sua hipoteca vão para os juros do banco. No entanto, isso ocorre nos primeiros 10 anos da maioria dessas hipotecas. Em outras palavras, com uma hipoteca desse tipo, você paga os 10 primeiros anos trabalhando duro para o banco, mas criando pouco patrimônio para si mesmo.

Mas há uma alternativa. Se você adotar o sistema que vou lhe mostrar, poderá poupar o equivalente a quase uma década de trabalho.

O SEGREDO DO SISTEMA PARA SER PROPRIETÁRIO DE UMA CASA SEM DÍVIDAS

O segredo de ser Automaticamente Milionário é a simplicidade. Faça o seguinte. Encontre a casa que quer e compre-a. Contrate uma hipoteca de 30 anos e use meu sistema secreto.

Que sistema secreto é esse? Crie um plano de pagamentos quinzenais para liquidar sua hipoteca e automatize-o.

O que é um plano de pagamento quinzenal? Que bom que perguntou. Continue a ler...

O PLANO DE PAGAMENTO DE HIPOTECAS QUINZENAL DO AUTOMATICAMENTE MILIONÁRIO

Qualquer um pode fazê-lo. Você não precisa de uma hipoteca especial. Você só precisa de sua hipoteca. Você vai pegar a sua hipoteca normal de 30 anos e, em vez de fazer o pagamento mensal que costuma fazer, divida-o ao meio e pague-o a cada duas semanas.

Vamos fazer mais alguns cálculos simples. Digamos que você pague $2 mil por mês da hipoteca. Normalmente, você pagaria essa quantia uma vez por mês. Mas não mais. A partir do mês que vem, comece a enviar $1 mil ao banco a cada duas semanas. Dessa forma, ocorrerá algo espantoso. Dependendo de sua taxa de juros, você acabará por saldar sua dívida mais cedo — algo entre cinco a dez anos antes! (A média é de sete anos.)

Você tem ideia do quanto pode poupar quitando a hipoteca mais cedo? Novamente, depende da taxa de juros, mas o proprietário de uma casa nos EUA pode poupar em média até $50 mil durante a duração da hipoteca só ao seguir esse programa simples. E se isso não for um incentivo suficiente, pense em ficar livre da dívida e potencialmente pronto para se aposentar até dez anos antes do que planejou!

POR QUE ISSO FUNCIONA

Quando você faz um pagamento a cada duas semanas em vez de uma vez por mês paga o equivalente a mais um mês de sua hipoteca a cada ano. (Ao pagar metade da parcela a cada duas semanas, ao longo do ano você terá feito 26 pagamentos e meio — o equivalente a 13 pagamentos integrais, um a mais que os 12 meses do ano.)

Eu disse antes que esse era um sistema secreto. Para ser franco, já não é mais secreto. Os emprestadores o conhecem há anos e recentemente a mídia falou sobre ele. Como Pagar-se Primeiro, é uma tática que talvez as pessoas conheçam, mas não usam.

A DIFERENÇA DE $44.000

Como mostra o cronograma de amortização a seguir, usar um plano de pagamento mensal para liquidar uma hipoteca de 30 anos no valor de $250 mil com uma taxa de juros de 5% lhe custará $233.139,46 em juros durante a duração do plano. Em um pagamento quinzenal, a mesma hipoteca lhe custará um total de apenas $188.722,13 em juros. Em outras palavras, **passar para o plano quinzenal lhe poupará mais que $44 mil**.

Para encontrar a calculadora que produziu essa tabela de amortização para você inserir os seus números (gratuitamente), vá até www.bankrate.com [conteúdo em inglês]. Primeiro, clique em "Calculators", depois em "Mortgages", e em seguida em "Get a bi-weekly mortgage payment plan". Isso lhe dará a melhor calculadora gratuita que encontrei na internet. Você adicionará os números de sua hipoteca e verá, preto no branco, porque faz sentido passar a um plano de pagamento quinzenal.

PAGAMENTOS MENSAIS VS. QUINZENAIS		
Principal=**$250.000**	Taxa de Juros=**5,00%**	Prazo=**30 anos**
Pagamento Mensal: **$1.342,05**		Pagamento Quinzenal: **$671,03**
Média de Juros **$647,61** Cada Mês	vs.	Média de Juros **$241,33** Cada Período Quinzenal
Total de Juros: **$233.139,46**		Total de Juros: **$188.722,13**
Ano	Saldo do Principal (Pagamentos Mensais)	Saldo do Principal (Pagamentos Quinzenais)
1	$246.311,59	$244.889,14
2	$242.434,47	$239.517,41
3	$238.358,99	$233.871,50

(continua)

190 | Automaticamente Milionário

(continuação)

PAGAMENTOS MENSAIS VS. QUINZENAIS		
Ano	Saldo do Principal (Pagamentos Mensais)	Saldo do Principal (Pagamentos Quinzenais)
4	$234.075,00	$227.937,42
5	$229.571,83	$221.700,46
6	$224.838,27	$215.145,16
7	$219.862,54	$208.255,26
8	$214.632,23	$201.013,70
9	$209.134,34	$193.402,52
10	$203.355,16	$185.402,86
11	$197.280,31	$176.994,89
12	$190.894,66	$168.157,77
13	$184.182,30	$158.869,59
14	$177.126,53	$149.107,32
15	$169.709,77	$138.846,79
16	$161.913,56	$128.062,54
17	$153.718,47	$116.727,86
18	$145.104,12	$104.814,64
19	$136.049,03	$92.293,35
20	$126.530,67	$79.132,97
21	$116.525,33	$65.300,86
22	$106.008,10	$50.762,75
23	$94.952,79	$35.482,60
24	$83.331,86	$19.422,53
25	$71.116,39	$2.542,74
26	$58.275,95	$0,00
27	$44.778,57	$0,00
28	$30.590,64	$0,00
29	$15.676,83	$0,00
30	$0,00	$0,00
Resultado:	Quitado em 30 anos	Quitado em 26 anos

COMO CONFIGURAR O PLANO

Tudo que você precisa fazer para configurar um plano de pagamento quinzenal é ligar para o emprestador (o banco responsável pela hipoteca). Diga-lhes que na sexta-feira seguinte você quer começar a pagá-la quinzenalmente e pergunte se oferecem um plano de pagamento quinzenal. Lembre-se, isso não significa que você está refinanciando ou mudando a hipoteca. Significa apenas que você está interessado em aderir a um serviço para liquidar seu débito de um jeito um pouco diferente — isto é, um que lhe permita fazer os pagamentos a cada duas semanas. Há uma boa chance de que o banco ou financeira ofereça um programa desses. (Na Wells Fargo, por exemplo, chama-se "Equity Enhancer" [Melhorador de Patrimônio].)

Aqui estão alguns benefícios poderosos do plano de pagamento de hipotecas quinzenal automático:

- Você poupa milhares de dólares em pagamento de juros (talvez centenas de milhares).

- Ele o coloca em um sistema de poupança compulsória.

- Ele facilita seu fluxo de caixa (porque você paga a hipoteca sempre que recebe o salário).

- Você nunca terá que se preocupar em atrasar os pagamentos, pois eles estarão automatizados.

- Ele corta anos de sua hipoteca!

VOCÊ SÓ PRECISA DE CINCO MINUTOS

Configurar esses programas sozinho é extremamente fácil. Se sua hipoteca está nas mãos de um grande banco, ele provavelmente vai lhe indicar uma empresa externa que administra o programa para ele. Hoje, a maioria dos grandes bancos oferecem esse serviço gratuitamente! Alguns cobram uma única taxa inicial; peça-lhes para lhe fornecer todos os detalhes por escrito.

O QUE PERGUNTAR E PROCURAR

As três perguntas mais importantes a fazer para uma empresa antes de contratar o plano de pagamento de hipotecas quinzenal são:

- O que vocês fazem com meu dinheiro quando o recebem?
- Quando exatamente vocês destinam os pagamentos adicionais para minha hipoteca?
- Quanto me custará usar o programa?

Essas perguntas são essenciais pelo seguinte motivo. Algumas empresas ficam com o dinheiro extra que você paga e somente o enviam ao titular da hipoteca em um montante fixo uma vez por ano ou no final do mês. Você não quer isso. Você quer uma empresa que faça os pagamentos adicionais da hipoteca o mais depressa possível. Desse modo, eles liquidam seu débito mais depressa. E também quer entender como os custos envolvidos se comparam à economia que você faz para tomar a decisão mais consciente.

COMO POSSO FAZER ISSO SOZINHO?

A lógica diz que você pode configurar esse programa sozinho. Infelizmente, não é possível. Se você dividir os pagamentos mensais e enviá-los quinzenalmente, o banco simplesmente os devolverá para você porque não saberá o que fazer com eles. Só para garantir, você pode ligar para o banco e perguntar, mas por minha experiência eles dirão "não".

ISSO NÃO É CARO?

Façamos as contas. Se você estiver pagando $2,50 por transferência a cada duas semanas, somará cerca de $65 por ano. Em 22 anos, esse valor chegará a um pouco mais de $1.430, fora a tarifa de ativação. Calcule que a taxa de transferência suba um pouco com o tempo, e não há como negar que um sistema de pagamento quinzenal da hipoteca custará alguns milhares de dólares.

Então, por que contratar o serviço? Porque os poucos milhares de dólares que você gastar lhe pouparão dezenas de milhares de dólares, se não mais. No exemplo simples que usei nas páginas 195–96, você teria poupado mais que $44 mil durante a vida da hipoteca. Supondo que você encontre a empresa mais cara e gaste $10 mil para administrar o programa durante 20 anos, ainda ganhará cerca de $34 mil. Sendo realista, com uma empresa externa, você gastaria perto de $2 mil e pouparia $34 mil.

Acredite em mim. Muitas pessoas ficarão doidas ao ler isso. Elas protestarão sobre quanto é terrível gastar o equivalente a um lanche por mês no McDonald's para ter a hipoteca totalmente automatizada e ajustada para que possam ficar livres de débitos quase uma década antes do prazo. Essas pessoas são excessivamente parcimoniosas e se preocupam com ninharias. Elas não entendem o sentido do processo — que é, ao contratar um programa de pagamento de hipotecas quinzenal, criar um simples sistema automatizado em poucos minutos que as deixarão livres do débito muito antes do que ficariam de outra forma, aproximando-as ainda mais de serem Automaticamente Milionárias. E não é só isso, mas como um serviço de valor agregado, as empresas que administram os programas de pagamentos quinzenais geralmente reveem a declaração da hipoteca anualmente à procura de falhas que o banco possa fazer nos créditos. Esse é um serviço incrível. Quer você faça pagamentos adicionais ou não, sempre vigie sua hipoteca como um falcão! Bancos cometem erros o tempo todo ao creditar os pagamentos — e se não forem descobertos, custarão muito dinheiro a você.

DOIS MODOS SIMPLES DE CONSEGUIR A MESMA COISA SEM CUSTO

Certo, você ouviu meus argumentos e ainda acha que não quer gastar esse dinheiro. Você gosta da ideia de se livrar do débito de modo rápido e automático, mas você quer comer no McDonald's este mês e não quer gastar dinheiro para contratar esse serviço.

Entendo. Eu adoro o McDonald's. Sério, não se preocupe com isso. Aqui estão dois jeitos simples de conseguir quase a mesma coisa **sem pagar taxas**.

MÉTODO SEM TAXAS Nº 1

Qualquer que seja o valor da mensalidade da hipoteca, acrescente 10% a ela todos os meses. Como o exemplo das páginas 189-90, digamos que seu pagamento mensal seja de $1.342. Dez por cento disso são $134. Se você pagar exatamente $134 a mais todos os meses (isto é, em vez de mandar $1.342 para o banco, você deposita $1.467), acabará saldando a sua casa em 25 anos — poupando aproximadamente $44 mil em relação ao total da hipoteca. Para fazer esse cálculo, vá até www.bankrate.com [conteúdo em inglês] e clique em "Calculator" depois em "Mortgages" e em seguida em "Mortgage Calculator". Se não quer fazer isso sozinho, ligue para o banco e diga-lhe que está interessado em pagar 10% a mais na mensalidade da hipoteca e gostaria que eles lhe enviassem uma tabela de amortização por e-mail. Eles devem estar dispostos a atendê-lo gratuitamente em alguns minutos.

Novamente, o segredo para que isso funcione é Automatizar o Processo. Se você for como a maioria das pessoas, é possível que não preencha o cheque de 110% da mensalidade todas as vezes — não se depender de você. Independentemente do que estiver acontecendo em sua vida na época, você sempre poderá encontrar um bom motivo pelo qual esse não é um bom mês para fazer o pagamento extra.

Para escapar dessa armadilha, Automatize. Arranje para que o pagamento da hipoteca seja transferido da conta-corrente automaticamente.

MÉTODO SEM TAXAS Nº 2

Qualquer que seja o valor da mensalidade da hipoteca, simplesmente escolha um mês do ano para pagar duas parcelas ao mesmo tempo. Isto é, envie um pagamento adicional ao banco uma vez por ano. Sugiro que faça isso em maio ou junho — com sorte logo depois de ter recebido a restituição do imposto de renda. Não importa que mês escolher, não pague só o dobro da mensalidade. Isso os confundirá. Em vez disso, envie o cheque de uma parcela como sempre faz, e envie o segundo em outro envelope com um bilhete explicando que gostaria que o total fosse aplicado ao principal. Isso lhe dará a mesma economia que com o plano de pagamento dos 10% adicionais, sem custos extras.

PERGUNTAS A FAZER AO BANCO

Seja qual for o caminho que escolher, há algumas perguntas que deve fazer primeiro ao banco ou à financeira.

Posso fazer pagamentos adicionais na hipoteca sem multas?

A resposta deveria ser sim. (Nunca faça uma hipoteca que cobra multa por pagamento antecipado.)

Se eu fizer pagamentos adicionais nas mensalidades da hipoteca, o que preciso fazer para GARANTIR que eles serão abatidos do principal?

VOCÊ PRECISA FAZER ESSA PERGUNTA! É surpreendente, pois os bancos costumam aceitar os pagamentos adicionais e mantê-los em uma conta sem remuneração de juros — e não para o pagamento de sua hipoteca. O banco provavelmente lhe dirá que você precisa enviar-lhes uma carta pedindo especificamente que o pagamento adicional seja aplicado ao principal. (Pergunte-lhes se eles têm uma carta padrão para você assinar.) Alguns bancos podem pedir o envio do pagamento extra (os 10% adicionais) em separado. Se você automatizou o pagamento das parcelas, isso não deve representar um problema. O banco simplesmente automatizará as duas transferências de fundos por mês no mesmo dia. E, por fim, sugiro que acompanhe o extrato da hipoteca todos os meses. Confira se o principal da dívida está realmente diminuindo; se não estiver, algo está errado.

E SE EU PLANEJAR VIVER NA CASA MENOS QUE TRINTA ANOS?

Anteriormente, eu disse que o proprietário comum mora em sua casa menos que 10 anos. Então, por que você deveria se preocupar em liquidar a hipoteca mais cedo se provavelmente venderá e se mudará da casa?

A resposta é poupança compulsória automatizada. Quanto mais depressa você liquidar a hipoteca, mais depressa construirá um patrimônio. Se vender a casa, receberá parte do patrimônio. Nesse momento, você poderá usar o valor para ajudar a comprar uma nova casa com uma hipoteca menor ou aumentar suas economias. Qualquer opção é ótima.

APROVEITE O PAGAMENTO QUINZENAL DAS HIPOTECAS

Alguns bancos não encorajam esses planos de pagamento. Por quê? A principal razão é óbvia: dinheiro! Os bancos ganham muito mais dinheiro com um empréstimo se você o pagar ao longo de 30 anos e não em 20, por exemplo.

Também há outros motivos. Quando você faz pagamentos extras, o banco precisará lidar com seu dinheiro com mais frequência do que se você fizesse apenas um pagamento mensal. Isso aumenta os custos operacionais. Mas esse não é seu problema. Como Automaticamente Milionário, sua preocupação é poupar dinheiro e acelerar a quitação de seu débito. É por esse motivo que o plano de pagamento quinzenal ou simplesmente pagar um pouco a mais todos os meses faz sentido. Essa ideia, se colocada em prática adequadamente, pode proporcionar um retorno do investimento feito neste livro 3 mil vezes maior. Mais importante, o enriquecerá mais depressa e permitirá que se aposente mais cedo. **Prove mais uma vez que saber é poder quando você o usa.**

A COMPRA DA CASA PRÓPRIA NO BRASIL[**]

IMÓVEL TOTALMENTE FINANCIADO

Quem planeja adquirir a casa própria, mas não dispõe de nenhum recurso próprio, vai encontrar poucas opções de financiamento do valor total do imóvel.

[**] Algumas informações básicas para a compra da casa própria no Brasil. Para mais detalhes, contate as instituições citadas ou pesquise-as online. Regras, valores e taxas de juros podem mudar. [N. da T.]

Aqui, apenas a Caixa Econômica Federal declara poder cobrir o valor integral do bem, na modalidade Imóvel na planta; Construção-FGTS-Hipoteca.

Na modalidade, o crédito de 100% do valor da casa ou apartamento é destinado ao comprador que opta pelo prazo de amortização de até 240 meses (20 anos). O candidato ao financiamento deve ter renda de até R$4.900 e o imóvel custar até R$130 mil. Para este plano, a taxa de juros é de 9,01% ao ano.

Muitas construtoras no Brasil vendem imóveis 100% financiados.

Se você tem interesse, pesquise se as construtoras da sua cidade parcelam a entrada. Neste caso, você conseguirá comprar um imóvel 100% financiado.

Mas antes de tudo, faça as contas e feche negócio apenas se as parcelas da entrada couberem no seu bolso. Você pagará a entrada sem ter posse do imóvel, ou seja, você ainda não pode morar nele. Se você paga aluguel, é muito importante fazer os cálculos. Tenha certeza que poderá pagar o valor da entrada e também suas outras despesas, como aluguel, energia elétrica, luz, condomínio etc.

FINANCIAMENTO DE ATÉ 90%

A CEF também é a única instituição a financiar 90% do valor do imóvel, sendo que esta opção está disponível para oito modalidades de financiamento do banco.

A Caixa e outros bancos (por exemplo, Banco do Brasil, Santander, Bradesco, Itaú) financiam até 80% do valor do imóvel. Sendo assim, você tem que dar uma entrada de, pelo menos, 20% de seu valor. Mas essa entrada você paga diretamente para a construtora do imóvel, e diversas construtoras pelo Brasil oferecem o parcelamento da entrada, muitas vezes sem nenhum juro. O prazo máximo financiado é de 30 anos, com um limite médio de comprometimento da renda (individual ou familiar) com as prestações de 30%.

CONSÓRCIO

O consórcio de imóveis é uma alternativa de financiamento que cresce muito no país. Ele funciona de modo diferente dos financiamentos de imóveis tradicionais.

Trata-se da reunião de um grupo que deseja comprar um determinado tipo de item ou contratar um serviço. Os consorciados pagam mensalidades e, a cada mês, um deles é contemplado, recebendo sua carta de crédito para compra do imóvel. Se quiser aumentar suas chances, o consorciado pode dar lances — e é possível usar seu FGTS para isso. Mas todos os participantes recebem sua carta de crédito no final do empreendimento.

A grande vantagem aqui é que o consorciado não precisa dar uma entrada nem pagar juros, já que não se trata de um empréstimo, mas sim de uma reserva. Por outro lado, ele terá que arcar com taxas de administração, adesão, seguro e fundo de garantia, de acordo com as regras da administradora.

Casa Própria Automática sem Dívidas | 201

ETAPAS DE AÇÃO
DO AUTOMATICAMENTE MILIONÁRIO

Veja o que fazer agora mesmo para ser proprietário de uma casa, livre de dívidas... automaticamente.

- ❑ Se você ainda não o fez, decida-se a se tornar um proprietário.

- ❑ Vá até www.lendingtree.com ou www.eloan.com [conteúdo em inglês] e calcule o quanto pode gastar em uma casa.

- ❑ Vá até www.bankrate.com [conteúdo em inglês] e use sua calculadora para descobrir quanto poupará fazendo pagamentos quinzenais da hipoteca.

- ❑ Decida liquidar a hipoteca cedo usando o plano de pagamento quinzenal ou fazendo pagamentos por conta própria e adicionando um extra, todos os meses ou uma vez por ano.

- ❑ Se você estiver interessado no plano de pagamento quinzenal, contate o banco e pergunte se ele oferece esses programas ou pode lhe indicar uma empresa que o faça.

- ❑ O que quer que decida fazer com a hipoteca, AUTOMATIZE-O.

Agora que você aprendeu o segredo da propriedade da casa própria sem dívidas, vamos descobrir como superar uma última dificuldade que impede a maioria das pessoas de ficarem ricas: a armadilha mortal do débito do cartão de crédito.

CAPÍTULO SETE

O ESTILO DE VIDA LIVRE DE DÍVIDAS AUTOMÁTICO

Para quase todos nós, as dívidas podem ser uma armadilha que nos obriga a trabalhar mais do que deveríamos. Incorremos em dívidas por causa de maus hábitos como nos exceder no uso do limite do cartão de crédito e pagá-lo aos poucos, quando o fazemos. Esses hábitos são prejudiciais e incapacitantes e você pode adotar medidas para quebrá-los. Uma das lições mais importantes neste livro é que Automaticamente Milionários não se endividam.

Neste capítulo, você vai aprender uma série de medidas concretas que lhe permitirão recuperar o controle de seus cartões de crédito e se livrar de dívidas no futuro. Se você não tiver débitos no cartão, leia este capítulo mesmo assim, pois ele o motivará a continuar a ter uma vida financeira saudável.

PEÇA DINHEIRO EMPRESTADO PARA GANHAR DINHEIRO, NÃO PARA PERDÊ-LO

Um dos motivos pelos quais Jim e Sue McIntyre sempre evitaram dívidas no cartão de crédito foi terem sido criados a moda antiga por pais que vivenciaram a Depressão. Se você conhece alguém que viveu durante a Grande Depressão nos anos de 1930, deve ter ouvido suas histórias de como era estar cercado pela pobreza. Não havia empregos. As pessoas não tinham dinheiro.

Enquanto algumas lojas ofereciam crédito a bons clientes, cartões de crédito como os conhecemos hoje não existiam. Isso significa que se você não tivesse dinheiro, estava com problemas. Como resultado, pessoas que vivenciaram a Depressão passaram a ter enorme aversão a dívidas e uma forte crença na importância de poupar. Pergunte a qualquer sobrevivente da Depressão o que pensa sobre dívidas, e aposto que dirão algo parecido com isso: a única ocasião em que fazer um empréstimo fazia sentido era para comprar algo que se valorizaria (como uma casa).

FALE A VERDADE: VOCÊ TEM UM CHAPÉU DE CAUBÓI, MAS NENHUMA CABEÇA DE GADO?

As pessoas no Texas têm um jeito ótimo de descrever alguém que tenta parecer mais do que realmente é. Elas dizem que "ele tem um chapéu de caubói, mas nenhuma cabeça de gado".

Em outras palavras, ele parece ser um rico fazendeiro, mas na verdade não tem fazenda, nenhuma cabeça de gado, nada. Só um chapelão (e, talvez, um carro extravagante).

Todos os dias conheço pessoas que parecem ricas. Provavelmente, você também. Elas usam roupas de grife, dirigem carros caros e, às vezes, até moram em casas elegantes. Mas quando você dá uma olhada em suas finanças, descobre que não são donos de suas roupas, de seus carros ou de suas casas. É tudo alugado ou pago com o cartão. O que elas realmente têm é um imenso débito no cartão de crédito.

E você?

A FAMÍLIA COMUM NORTE-AMERICANA DEVE $8.400 NO CARTÃO DE CRÉDITO

Descubra o tamanho de seu chapéu.

No total, atualmente os norte-americanos devem cerca de um trilhão de dólares no cartão de crédito. (Veja bem, isso é só no cartão de crédito — e não inclui leasing de carros, hipotecas e outros débitos.) Isso representa cerca de $8.400 por família.

POR QUE A MAIORIA DOS NORTE-AMERICANOS PASSARÁ O RESTO DA VIDA PAGANDO SEUS CARTÕES DE CRÉDITO

Então, o que você acha que a maioria das pessoas faz quando a fatura chega a cada mês? Se você disser que paga o valor mínimo, acertou.

Adivinhe quanto vai custar liquidar um saldo de $8.400 no cartão que cobra 18% de juros se você pagar apenas o mínimo todos os meses?

A resposta é $20.615! Mas espere — é ainda pior que isso.

A ESSA TAXA, VOCÊ PAGARÁ SEU
SALDO EM 30 ANOS!

Se você pagar só o mínimo da fatura todos os meses de um saldo de $8.400, acabará tendo que realizar 365 pagamentos mensais para quitá-lo. Isso equivale a 30 anos e 5 meses. E isso se supusermos que você não faça mais nenhuma compra no cartão e que não lhe cobrem multas por atraso e tarifas anuais.

Você consegue imaginar a situação? Pagamentos durante 30 anos e 5 meses — e de um cartão que cobra juros de 18% ao ano. Há administradoras que cobram até 29%.

A conclusão é a seguinte: é impossível tornar-se Automaticamente Milionário se você usa o limite máximo de seu cartão e paga apenas o valor mínimo da fatura. Tudo que vai conseguir é enriquecer a administradora enquanto você continua pobre.

COMO UM DIA DE COMPRAS PODE
LEVAR 30 ANOS PARA SER LIQUIDADO

O maior perigo do débito do cartão de crédito é a facilidade com que você acaba envolvido. Veja a prática adotada por muitos lojistas de oferecer um desconto se concordar em adquirir o cartão da loja. Funciona assim: imagine que você esteja na loja de uma grande rede de moda e escolheu roupas novas no valor de $1.100 (digamos que sejam três blusas, dois suéteres, uma calça comprida ou um vestido e um par de sapatos). Enquanto soma a sua compra, uma vendedora bonita e gentil sorri e pergunta, "Você não gostaria de ter um desconto de 10% hoje? Você poderia economizar mais que $100 com o nosso cartão de crédito. Só vai levar um minuto".

O comprador comum, tentando ser esperto, pensará: *"Ah, que bom — economizarei cem dólares! Quero, sim!"*

Então, imagine que você pague o valor mínimo quando chegar a fatura — que é exatamente o que a loja espera que ocorra. Se a taxa de juros for de 18%, você precisará realizar 153 pagamentos — ou quase 13 anos — para liquidar o débito. Nessa época, as roupas já não existirão e você terá pago mais que $2 mil pela compra de $1 mil.

É um ótimo negócio para a loja e realmente terrível para você.

Então, aqui está minha sugestão quando a alegre vendedora lhe perguntar se quer um desconto de 10% adquirindo o cartão de crédito da loja.

É SÓ DIZER NÃO

Repita comigo.

Não.

Não, não quero um cartão de crédito.

Não, não quero um desconto de 10%.

Não, não quero seis meses de isenção de juros.

Não.

NÃO.

NÃO!

QUANTO VOCÊ DEVE?

Espero que agora você esteja fortemente motivado a acabar com as dívidas e ficar fora delas.

Então, eis a pergunta: você tem débito no cartão de crédito?

TENHO ... MAS NÃO POR MUITO TEMPO

Eu tenho _____ (insira a quantidade) cartões de crédito em meu nome.

Meu cônjuge/companheiro tem _____ cartões de crédito em seu nome.

Meus filhos (ou outros dependentes) têm _____ cartões de crédito em seu nome.

O saldo atual de todos esses cartões de crédito é de $_____.

A taxa média de juros que estamos pagando sobre esse saldo é de _____%.

CUIDADO COM "SOLUÇÕES RÁPIDAS"

É importante ser realista sobre dívidas do cartão de crédito. Você não resolverá seus problemas de um dia para outro. Provavelmente você levou um bom tempo para entrar em dificuldades com o cartão e é possível que leve muito tempo para se livrar delas.

Com isso em mente, desconfie dos assim chamados especialistas que alegam resolver todos os seus problemas de crédito com alguma rápida solução mágica. Se você estiver afundado em dívidas, existem firmas de aconselhamento de crédito conhecidas que o ajudarão a elaborar um plano para saldá-las. Uma das mais renomadas é o Consumer Credit Counseling Services [Serviço de Aconselhamento de Crédito ao Consumidor].

O CCCS é um braço da National Foundation for Credit Counseling [Fundação Nacional de Aconselhamento de Crédito], a mais antiga organização sem fins lucrativos de aconselhamento do consumidor e educação em orçamentos, crédito e resolução de dívidas. Ele tem mais que 1.300 filiais no país. Encontre uma perto de você ligando para 1-800-388-2227 ou visitando o site www.nfcc. org [conteúdo em inglês].

Ao contatar o CCCS, você será encaminhado para um grupo de aconselhamento de crédito em sua área que o ajudará. Ao ligar para marcar uma reunião, tente descobrir o máximo que puder sobre o que podem ou não fazer para auxiliá-lo. Uma pergunta importante é se usar os serviços da empresa afetará seu score de crédito. E antes de contratar alguém, consulte a filial local do Better Business Bureau [cuja missão é se concentrar no avanço da confiança do mercado e tenta promover práticas empresariais éticas] para ver se eles têm queixas registradas contra o grupo.

OPERAÇÃO "CHEGA DE DÍVIDAS"

Certo, vamos às ferramentas. Existem cinco passos concretos a seguir para sair e ficar fora das dívidas dos cartões de crédito.

PASSO UM **PARE DE CAVAR**

Vamos começar pelo básico. Se você estiver em um buraco criado pelo cartão de crédito — ou seja, tem débitos no cartão e quer se livrar deles — então precisa parar de cavar.

O que isso significa? Bem, para não aumentar o buraco que criou, talvez fosse interessante jogar fora a pá. Em outras palavras, desfaça-se dos cartões de crédito. Afinal, uma pessoa que quer se livrar das dívidas do cartão e os carrega na carteira é como um alcoólatra que quer parar de beber, mas leva uma garrafa de vodca consigo.

Falo por experiência própria. Eu tinha grandes problemas com dívidas no cartão de crédito. (Quando eu estava na faculdade, acumulei mais que $10 mil em despesas no cartão comprando roupas, móveis, equipamentos de som e outras coisas de que realmente não precisava e não tinha condições de comprar.) Depois de tentar vários tipos de exercícios de autocontrole, descobri que o único que funcionava era PARAR DE SAIR ÀS COMPRAS COM CARTÕES DE CRÉDITO NO BOLSO.

PASSO DOIS **RENEGOCIE A TAXA DE JUROS SOBRE SEU SALDO**

Depois de tomar providências para que as coisas não piorem, comece a melhorar a sua situação atual. A meta principal é facilitar ao máximo a tarefa de saldar a dívida do cartão. O modo mais fácil e eficiente para isso é conseguir que a administradora do cartão reduza as taxas de juros que cobra de você.

Veja o que fazer para atingir esse objetivo.

1. Descubra que taxa de juros está pagando.

Leia as letras miúdas do extrato do seu cartão de crédito. Qual é a taxa de juros que está pagando sobre o saldo? Se for difícil descobrir, ligue para a empresa e pergunte-lhes exatamente quanto seu débito está lhe custando. Diga-lhes que quer saber a taxa efetiva, não a acima da taxa básica. Eles entenderão a pergunta e, por lei, são obrigados a lhe dar a resposta correta.

2. Peça uma taxa menor.

Depois de descobrir a taxa de juros que está pagando, diga à administradora que ela é muito alta e gostaria que ela a diminuísse. (Faça isso com todas as contas de cartão de crédito que você tem.) Se a empresa negar, diga-lhe que vai encerrar a conta esta semana e transferir o saldo para um concorrente que ofereça melhores taxas. Para que não haja dúvida sobre a seriedade de sua intenção, cite o nome do concorrente em que pensou. (Não é difícil encontrar um nome, visto que provavelmente você recebe propostas pelo correio de administradoras de cartão de crédito que querem transferir seus saldos para elas.) A propósito, não perca tempo discutindo taxas de juros com o primeiro representante que atender a sua ligação. Peça para falar com o supervisor. Supervisores têm autoridade para reduzir sua taxa de juros ali mesmo. Em muitos casos, você pode

Automaticamente Milionário

reduzir a taxa pela metade simplesmente ao pedir. Você pode até conseguir que eles abram mão da tarifa anual do cartão.*

3. Consolide seu débito.

Se você tem vários cartões de crédito, uma forma efetiva de facilitar a liquidação dos débitos é consolidar todos os seus saldos em um só cartão. É "só pedir". Quando estiver negociando com a administradora do cartão a redução de sua taxa de juros, diga-lhes que está preparado para passar todos os débitos para a empresa que oferece a melhor taxa. O que é melhor? Bem, negociadores inteligentes pesquisam primeiro. Neste caso, vá até www.bankrate.com ou credit.com [conteúdo em inglês] ou consulte a seção de negócios do jornal local. Verifique qual é a taxa média nacional de taxas de juros de cartões de crédito — e solicite a metade. Ainda melhor, pergunte à administradora o que ela oferece a clientes como você que estão dispostos a consolidar seu débito. Deixe-os tentar convencê-lo! É possível que para conseguir todas as suas contas, uma das administradoras de seus cartões ofereça abrir mão de todas as taxas de juros por seis meses. Nesse caso, tenha cuidado — pergunte qual será a taxa no sétimo mês e lembre-se dela! Ela pode saltar para 25%, caso em que você precisará mudar de empresa outra vez. Naturalmente, o jogo aqui não é ficar trocando de administradoras de cartão de crédito. É encontrar a menor taxa possível e então percorrer os demais três passos para livrar-se totalmente do débito.

---

* Aqui no Brasil o consumidor pode fazer a portabilidade das linhas de crédito para pessoa física (cartão de crédito, cheque especial, financiamento de veículo, crédito imobiliário, crédito pessoal e crédito consignado). Ele tem o direito de escolher livremente para qual instituição realizará a portabilidade. [N. da T.]

O Estilo de Vida Livre de Dívidas Automático | 213

PASSO TRÊS PAGUE PELO PASSADO; PAGUE PELO FUTURO

Anteriormente, vimos que o tipo de riqueza que você construirá depende de como o dinheiro flui por sua vida. Com isso em mente, sugeri que crie a meta de Pagar-se Primeiro 10% de sua renda antes dos impostos. Entretanto, se você tem dívidas no cartão de crédito, precisa de um plano diferente.

Veja o que sugiro para pessoas com débito no cartão de crédito. Qualquer que seja o valor que decida se Pagar Primeiro, divida-o em dois, sendo que 50% irão para você e a outra metade para pagar sua dívida.

Por exemplo, digamos que você ganhe $50 mil por ano e tenha decidido Pagar-se Primeiro 10% de sua renda bruta. Normalmente, isso significaria separar $5 mil por ano, ou $416 por mês para si mesmo. Mas se tiver débitos no cartão de crédito, você dividirá os $416 por mês por dois, separando $208 para si mesmo e $208 para a redução do débito.

O motivo pelo qual sugeri dividir o dinheiro com que vai se Pagar Primeiro desse jeito é para que você possa avançar para o futuro ao mesmo tempo em que se livra dos débitos. O raciocínio aqui é tanto emocional quanto financeiro. Você sentirá seu progresso ao tomar as duas medidas ao mesmo tempo. Verá o dinheiro sendo poupado e as dívidas diminuírem.

Se você direcionar todo seu dinheiro disponível para a redução dos débitos, com a ideia de que só poderá começar a poupar quando os saldos do cartão forem pagos, talvez leve anos até que possa poupar para o futuro. Isso é muito negativo — tão negativo, de fato, que muitas pessoas que seguem esse caminho ficam desestimuladas, desistem cedo e nunca chegam à parte da poupança.

Eu chamo meu sistema de "Enterre o passado e salte para o futuro". Experimente. Funciona.

PASSO QUATRO **TIRE AS DÍVIDAS DE SUA VIDA COM O DOLP**

Como descrevi antes, o meio mais fácil e eficiente de se livrar das dívidas do cartão de crédito é consolidar todos os seus saldos em uma conta e então, conforme sugeri no Passo Três, use metade do dinheiro do Pague-se Primeiro para liquidá-los. Mas o que fazer se, por algum motivo (por exemplo, você deva tanto que nenhuma empresa lhe dê limite de crédito suficiente) você não possa consolidar suas contas?

A resposta é usar o DOLP para sair das dívidas.

Descrevi o sistema DOLP pela primeira vez em *The Finish Rich Workbook*. A ideia básica é livrar-se dos débitos do cartão de crédito de uma vez por todas pagando todos os saldos e depois encerrar todas as contas.

Em outras palavras, todos os seus cartões de crédito estarão Mortos no Último Pagamento — ou resumindo, DOLP.

** DOLP [Dead on Last Payment — Morto no Último Pagamento]) Sistema para amortizar seus débitos. [N. da T.]

Naturalmente, quando se tem muitos cartões de crédito, calcular como pagá-los pode parecer complicado. Você paga um pouco de todos de uma vez? Ou deve se concentrar em um cartão por vez? Nesse caso, qual pagar primeiro?

É aqui que entra o sistema DOLP.

Veja o que fazer.

- Faça uma lista dos saldos atuais pendentes de cada um de seus cartões.

- Divida cada saldo pelo pagamento mínimo que a administradora quer receber. O resultado é o número DOLP. Por exemplo, digamos que o saldo pendente de seu Visa é de $500 e o pagamento mínimo é $50. Dividindo o total do débito ($500) pelo pagamento mínimo ($50), você obtém um DOLP de 10.

- Depois de calcular o número DOLP para cada conta, classifique-as em ordem inversa, colocando a conta com o DOLP mais elevado primeiro, seguido pelo segundo mais alto e assim por diante. A tabela a seguir mostra como ficará a sua lista.

Conta	Saldo Pendente	Pagamento Mínimo Mensal	DOLP (Saldo Pendente dividido pelo Pagamento Mínimo Mensal)	DOLP Classificação (Número DOLP menor colocado em 1º lugar)
Visa	$500	$50	10	1
MasterCard	$775	$65	12	2
Cartão Sears	$1.150	$35	33	3

Você agora sabe a ordem mais eficiente em que pagar os vários saldos dos cartões de crédito. Pegue metade do dinheiro com que se Paga Primeiro e aplique-o para amortizar o cartão com número DOLP menor. Nos demais cartões, pague somente o mínimo.

No exemplo anterior, o cartão com o número DOLP menor é o Visa. Assim, todos os meses você destinará metade do valor com que se Paga Primeiro para reduzir o saldo deste cartão, ao mesmo tempo em que paga o mínimo dos demais cartões. Depois de ter "DOLPado" o cartão Visa (isto é, quitado), você o cancela e passa a cuidar do próximo cartão na classificação — neste caso, o MasterCard.

Prossiga com o sistema até ter "DOLPado" todos os seus débitos.

Aqui está uma tabela em branco para você preencher e criar sua lista DOLP.

Conta	Saldo Pendente	Pagamento Mínimo Mensal	DOLP (Saldo Pendente dividido pelo Pagamento Mínimo Mensal)	DOLP Classificação (Número DOLP menor colocado em 1º lugar)

PASSO CINCO AGORA, AUTOMATIZE!

É fácil configurar um plano de pagamento automático para os seus débitos de cartão de crédito. Basta ligar para a administradora do cartão e dizer que gostaria que fizessem um débito automático de sua conta-corrente todos os meses. Se não puder, verifique se ela oferece serviços de pagamento de contas online que lhe permitam fazer uma transferência automática de sua conta-corrente para a administradora do cartão em uma data específica todos os meses. Como expliquei antes, o valor do débito deve ser metade do que você decidiu Pagar a si Mesmo Primeiro.

ETAPAS DE AÇÃO
DO AUTOMATICAMENTE MILIONÁRIO

Ao rever as etapas mostradas neste capítulo, veja o que fazer agora mesmo para se livrar dos débitos do cartão de crédito... automaticamente.

- ❑ Pare de levar cartões de crédito na carteira.
- ❑ Renegocie as taxas de juros.
- ❑ Consolide seu débito — ou, se for impossível, comece a usar o sistema DOLP em suas contas de cartão de crédito.
- ❑ Decida destinar metade do dinheiro com que se Paga Primeiro para amortizar o saldo do cartão.
- ❑ Automatize o processo arranjando que a administradora do cartão debite o valor a ser pago de sua conta-corrente todos os meses.

Estamos quase no fim. Há apenas mais um capítulo para ler e ele fala de algo em que muitas pessoas que querem ser milionárias não pensam, mas deveriam fazer: como enriquecer retribuindo — especificamente como tornar o mundo um lugar melhor automatizando suas doações e pagamentos a entidades de caridade.

CAPÍTULO OITO

FAÇA A DIFERENÇA COM DÍZIMOS AUTOMÁTICOS

"Ganhamos a vida com o que recebemos — fazemos a vida com o que damos."

— *Winston Churchill*

Comprar este livro e lê-lo até o capítulo final o torna muito especial. Muitas pessoas compram livros sobre dinheiro, mas muito poucas realmente os terminam. Então, meus parabéns. Espero que tenha se inspirado por algumas ações simples que exercerão um impacto extraordinário em sua vida ao longo do tempo.

Os princípios que você aprendeu com a leitura são estratégias testadas e comprovadas para construir riqueza e segurança financeira automaticamente. Elas são atemporais. Ponha-as em ação e conquistará seus sonhos financeiros. Porém, não foque apenas o resultado. Você merece usufruir a jornada.

Tornar-se Automaticamente Milionário não consiste só em acumular riqueza. Também envolve aliviar o estresse e as preocupações sobre o futuro — de ficar em posição de aproveitar a vida agora e no futuro. Em outras palavras, ter uma plano automático não deveria só mudar seu futuro, mas também o seu presente.

Tendo isso em mente, gostaria de falar sobre um último passo em nossa jornada juntos — e que lhe permitirá sentir-se como um milionário a partir de agora, mesmo que ainda faltem vários anos até você realmente se tornar um. Como fazer isso? Ser um doador, além de poupador — especificamente, usando as ferramentas que o tornarão Automaticamente Milionário para tornar o mundo um lugar melhor.

DINHEIRO NÃO É TUDO NA VIDA

A ideia de que há coisas mais importantes na vida que dinheiro pode lhe parecer estranha em um livro que fala sobre se tornar um milionário. Mas é verdade. E, no fundo, nós sabemos disso.

Mas não me entenda mal. Dinheiro é bom e, espero sinceramente que você consiga a fortuna que deseja. Como se diz por aí, eu vi ricos e vi pobres, e ser rico é melhor. Contudo, dinheiro não dará significado à sua vida. Não mesmo.

Por que buscamos a riqueza? Acho que o fazemos não pelas coisas que o dinheiro proporciona (por melhores que sejam), mas a fim de obter uma sensação. Talvez acreditemos que queremos um bom carro, uma conta bancária recheada de dólares, dinheiro para a aposentadoria ou a educação dos filhos, mas, na verdade, queremos mesmo é a *sensação* que essas coisas nos transmitem.

Bem, aqui está algo sobre o que refletir. Por mais que você ache que está longe de suas metas financeiras no momento, está muito mais perto de atingir essa sensação do que imagina. Na verdade, mesmo que demore alguns anos para se tornar um milionário, pode começar a experimentar essa sensação nas próximas semanas.

Você gostaria de saber como?

TER TUDO... PAGANDO DÍZIMO

Eu vou lhe revelar um sistema que existe há tanto tempo quanto a civilização. Chama-se dízimo.

O que exatamente é o dízimo?

O dízimo é uma prática proativa de restituir. É um princípio espiritual comum a muitas tradições que determinam que você deve restituir uma parte do que recebe, que os abençoados com a abundância têm o dever de ajudar os outros oferecendo gentileza, tempo, ideias e dinheiro. O surpreendente sobre o dízimo é que quando você o pratica obtém uma sensação que muitas vezes associamos à obtenção de bens materiais. É uma sensação ótima.

Achamos que mais dinheiro e coisas farão com que nos sintamos muito bem, mas nem sempre isso ocorre. Você já desejou algo apenas para ver a empolgação se esvair, ficar com uma sensação de vazio e desapontamento alguns dias depois? Com o dízimo, quanto mais você dá, melhor se sente.

VOCÊ PROVAVELMENTE JÁ OUVIU ISSO

É possível que você já conheça o conceito do dízimo. Mais que provável, você o ouviu pela primeira vez em um contexto religioso na igreja, no templo ou na mesquita. O termo se baseia na antiga palavra anglo-saxônica para "décimo" e a ideia original era que se devia doar para caridade 10% da produção colhida todos os anos. Mas o dízimo envolve mais que porcentagens e produtividade agrícola. O dízimo não envolve seguir uma tradição ou livrar-se da culpa ou esperar por alguma recompensa futura. Ele envolve realmente dar pelo simples prazer que isso proporciona.

Mas aqui está algo interessante. Embora você deva dar pelo simples prazer que isso proporciona, a realidade é que a abundância tende a voltar para quem dá. **Quanto mais você dá, mais recebe de volta.** É o fluxo de abundância que traz mais alegria, mais riqueza e mais significado à nossa vida. Ou seja, **quanto mais você dá, mais rico se sente**. E não é apenas uma sensação. Por mais estranho que pareça, a verdade é que o dinheiro muitas vezes flui mais depressa para aqueles que doam. Por quê? Porque atrai abundância para suas vidas em vez de escassez.

OS NORTE-AMERICANOS SÃO UM POVO MUITO GENEROSO

Os norte-americanos são um povo muito caridoso. No ano passado, doamos cerca de $358 bilhões para a caridade. E mais que 3/4 desse valor foi dado por pessoas físicas. De fato, nove entre dez famílias norte-americanas contribuem para uma ou mais instituições beneficentes. Além disso, aproximadamente 93 milhões de adultos fazem algum tipo de trabalho voluntário, dedicando em média mais que quatro horas de seu tempo toda semana.

Esse é um recorde impressionante. E o que o torna ainda mais admirável é o fato de que, por definição, todo esse esforço é espontâneo — resultado de nada mais que o desejo de as pessoas tornarem o mundo um lugar melhor. Claro, o governo oferece isenções fiscais a pessoas que doam dinheiro a instituições beneficentes qualificadas e ser conhecido como filantropo melhora sua imagem pública. Mas quando realizamos uma análise profunda, constatamos que a maioria das doações é genuína.

COMO APLICAR O DÍZIMO

Você deve pagar o dízimo? Na verdade, é uma decisão pessoal. Mesmo assim, se ainda não estiver fazendo isso, sugiro que experimente. Pegue uma porcentagem de sua renda e comece a doá-la a alguma causa nobre. Você pode doar os 10% tradicionalmente associados ao dízimo, pode doar mais ou menos. Como eu disse, o dízimo é algo pessoal; não é sobre porcentagens, mas sobre o prazer em doar. O importante é simplesmente começar.

Talvez você queira começar aos poucos — por exemplo, doando apenas 1% de sua renda — e deixar que as contribuições aumentem com o tempo, como sugeri fazer no sistema de Pagar-se Primeiro. Iniciar o processo não só dará um impulso em sua vida que mudará seu destino, mas você também ajudará outras pessoas.

Se isso despertou seu interesse, dê uma olhada no simples Plano de Cinco Etapas para Pagar o Dízimo adiante. Se você estiver em um relacionamento, discuta a questão com seu parceiro. Veja se parece ser a coisa certa a fazer. Em caso positivo, experimente. Você ficará surpreso com o quanto será beneficiado ao fazer coisas para os outros.

PASSO UM **COMPROMETA-SE AO DÍZIMO**

Para que o dízimo funcione, precisa ser um compromisso consistente. É como Pagar-se Primeiro. Se você doar uma porcentagem específica sempre que receber o salário, reunirá um montante impressionante de contribuições. Se você esperar até o final do ano para ver o que "sobrou", doará menos — ou talvez, nada.

É óbvio que, agora que saldou todos os débitos dos cartões de crédito, não estou sugerindo que volte a se endividar para poder pagar um dízimo. Escolha uma porcentagem que lhe pareça adequada e que possa pagar. Depois disso, comprometa-se por escrito em doar essa quantia continuamente.

O COMPROMISSO DO DÍZIMO

Começando em _____ (insira data), doarei à caridade _____% de tudo que receber.

Assinado: _____

PASSO DOIS **AGORA, AUTOMATIZE-O**

Qualquer que seja o valor a ser doado, faça com que seja transferido de modo automático de sua conta-corrente regularmente. Hoje em dia, é ainda mais fácil fazer isso. A maioria das instituições beneficentes o ajudará a preparar uma programação de transferência (onde debitarão automaticamente da sua conta-corrente regularmente), e muitas estão preparadas para fazê-lo online em questão de minutos. Se você não ficar à vontade de ter sua conta debitada pela entidade, poderá arranjar a transferência automática pelo sistema de pagamento online do banco. A maioria dos bancos oferece esse serviço, basta perguntar.

PASSO TRÊS **PESQUISE A ENTIDADE BENEFICENTE ANTES DE DOAR**

A quem doar seu dinheiro depende só de você. Mas é importante certificar-se de que a entidade a que está doando seu dinheiro ganho com sacrifício realmente usa os recursos recebidos para ajudar pessoas ou causas que diz apoiar. Lembre-se de que a caridade é um negócio imenso e que custos administrativos podem abocanhar uma grande parcela das contribuições. Como resultado, há muitas instituições que acabam gastando quase tudo que recebem não com as pessoas que devem ajudar, mas com os próprios salários e despesas gerais.

Não faz muito tempo, eu me envolvi em uma causa que era importante para mim. Doei uma semana do meu tempo e reuni cerca de $20 mil em contribuições em espécie — só para descobrir depois que menos de 40% da doação foi para a causa. Embora esse dinheiro realmente fosse de grande ajuda, fiquei decepcionado por uma porcentagem maior não ter atingido quem necessitava. Contudo, nenhuma entidade beneficente consegue usar o total das contribuições. Mas certamente podem fazer mais que usar 40%. Especialistas recomendam procurar uma entidade que repasse, pelo menos, 75% do que recebem e ficar longe das que usam menos que 50% devido a altas despesas de administração, gestão e coleta de fundos.

Assim, seja um doador esperto. Antes de doar, pesquise e faça perguntas. Aqui está uma lista de organizações que o ajudarão a saber mais sobre favorecidos em potencial.

WWW.JUSTGIVE.ORG

Esse site acessível é um ótimo local para começar, pois mostra links e informações sobre várias instituições e causas que você poderá auxiliar.

WWW.GIVE.ORG

Este é o site da BBB Wise Giving Alliance [conteúdo em inglês], uma câmara de compensação de informações sem fins lucrativos criada em 2001 como resultado da fusão da Agência Nacional de Informações de Entidades Beneficentes e o Conselho da Fundação da Divisão de Melhores Negócios e seu Serviço de Consultoria Filantrópica. A aliança reúne e distribui informações sobre centenas de organizações sem fins lucrativos que solicitam nacionalmente ou têm programas de serviços nacionais ou internacionais. Antes de fazer qualquer doação, veja o que ele tem a dizer sobre a entidade à qual pretende fazer uma doação.

WWW.GUIDESTAR.ORG

Formada em 1994, a Guidestar visa facilitar a doação à caridade fazendo as pesquisas que os filantropos responsáveis sabem que deveriam, mas nem sempre têm tempo de fazer. Seu site está cheio de dados concretos e úteis.

WW.CHARITYNAVIGATOR.ORG

Fundado em 2001, o Charity Navigator é um dos avaliadores de entidades de caridade mais populares nos EUA. Gosto do site porque, além de um sistema de classificação imparcial baseado em números, ele avalia inúmeras entidades (atualmente, mais de 8 mil). Ele também é uma entidade beneficente pública sem fins lucrativos e não aceita recursos das entidades que avaliam.

OUTRA FORMA DE DOAR — OFERECER TEMPO E TALENTO COMO VOLUNTÁRIO

Caso você não possa doar para a caridade agora, pense em doar recursos não monetários — como o seu tempo. Arregaçar as mangas e se envolver pode lhe dar uma alegria ainda maior — e a sua ajuda será útil para a maioria das entidades beneficentes. Eis alguns sites que poderão orientá-lo em como iniciar em doar seu tempo como voluntário para os outros. Ao longo dos anos, muito de meus leitores contaram que só o envolvimento com entidades beneficentes os ajudou a se sentirem mais ricos no mesmo instante! Esta lista lhe mostrará entidades em sua região que realmente correspondam aos seus interesses e convicções.

www.volunteermatch.org

www.idealist.org

www.charities.org

www.nationalservices.org

www.mentoring.org

www.score.org

WWW.IRS.GOV

Antes de doar dinheiro a qualquer organização, certifique-se de que ela é reconhecida pela Receita Federal [IRS] como uma entidade bona fide isenta de impostos na seção 501(c)(3) no código tributário. Para tanto, visite o site do IRS [conteúdo em inglês] e peça a publicação #526 (Charitable Contributions — Contribuições Filantrópicas), que oferece muitos detalhes necessários sobre doações a entidades e documentação para fins de dedução de impostos.

Você também pode fazer uma ligação gratuita para o IRS em 800-829-3676 e pedir que lhe enviem as informações pelo correio.

PASSO QUATRO **ACOMPANHE SUAS CONTRIBUIÇÕES DEDUTÍVEIS**

Para estimular os norte-americanos a doar mais, o governo dos EUA há muito permite aos contribuintes deduzir contribuições a entidades filantrópicas qualificadas. Dependendo do quanto você doar, é possível deduzir até 50% de sua declaração.

Naturalmente, só pelo fato de uma organização se denominar beneficente, não significa que a Receita Federal permita que você deduza contribuições feitas a ela. Para que uma doação seja dedutível, a organização precisa se inscrever formalmente e receber o status de isenção de impostos pela seção 501(c)(3) do código tributário. Como citamos, pesquise esse detalhe sobre qualquer entidade específica no site do IRS.

Para contribuições inferiores a $250, o IRS exige que você mantenha algum tipo de registro escrito, como um cheque compensado, uma carta ou recibo do recebedor, ou um extrato bancário ou do cartão de crédito que mostre quando e quanto foi doado. Se a doação for maior que $250, a Receita quer a prova da doação preenchida na declaração anual.

Saiba que nem todas as doações são 100% dedutíveis. Digamos que você gaste $500 em entradas para um evento beneficente onde joga em um torneio de golfe ou participa de um jantar de gala. Como você recebeu um benefício em troca de sua contribuição, somente uma porção de sua doação será dedutível. A entidade deve lhe dizer o quanto de sua doação pode ser deduzida.

PASSO CINCO **PESQUISE FUNDOS MÚTUOS ACONSELHADOS POR DOADORES**

Recentemente, um novo investimento em fundos mútuos surgiu no cenário destinado especificamente a investidores preocupados com fins beneficentes. Chamados de fundos de caridade ou aconselhados por doadores, eles permitem às pessoas investir dinheiro para fins filantrópicos depois, mas com dedução de impostos agora.

Esses fundos oferecem vários benefícios. Entre eles estão:

- **Isenção de impostos instantânea.** Quando seu dinheiro é depositado em um desses fundos, deduza o imposto com base nos limites da Receita no mesmo ano — mesmo que o dinheiro só vá para a caridade em uma data posterior.

- **Mais dinheiro para a caridade.** Um aspecto positivo desses fundos são as vantagens tributárias que oferecem às pessoas que querem doar títulos que tiveram uma valorização significativa. Digamos, por exemplo, que você invista em ações ou um fundo mútuo cujo preço disparou depois. Em vez de vendê-lo e pagar pesados impostos sobre o lucro e então doar o que restou, você pode simplesmente depositar as ações em um fundo beneficente. Embora você retire a dedução imediatamente, o investimento pode continuar isento de impostos até que você oriente o fundo a enviar um cheque para a entidade escolhida — um cheque certamente muito maior do que o que a instituição teria recebido após uma venda direta.

- **Menos pressão.** Esses fundos são ótimos para pessoas que querem doar (e gostariam de isenção de impostos agora), mas ainda não sabem a quem destinar os recursos. Você deposita qualquer quantia no fundo, faz a dedução e então decide sem pressa qual a instituição que deseja ajudar.

- **Criação de um legado.** À medida que sua riqueza aumenta (e aumentará por causa do que está fazendo), você estará em situação cada vez melhor de fazer uma diferença duradoura no mundo. Fundos de doação lhe permitem construir uma verdadeira base de caridade para sua família, visto que mais de uma pessoa pode contribuir para eles.

É importante compreender que, depois de investir em um desses fundos, a doação é irreversível. O dinheiro não pode ser retirado e fica no fundo até que você o oriente a entregá-lo a uma entidade.

Aqui estão três fundos estabelecidos dignos de nota. Enquanto escrevo este livro, o investimento inicial mínimo em cada um é de $10 mil, com contribuições subsequentes a partir de $250. Espero que, com o tempo, o valor mínimo seja reduzido para que mais pessoas possam usá-los.

Fidelity Charitable Gift Fund
1-800-682-4438
www.charitablegift.org

Schwab Fund for Charitable Giving
1-800-746-6216
www.schwabcharitable.org

The T. Rowe Price Program for Charitable Giving
1-800-564-1597
www.programforgiving.org

ALGUMAS DAS PESSOAS MAIS RICAS DO MUNDO PAGARAM DÍZIMOS ANTES DE ENRIQUECER

Se você estudar as vidas de grandes líderes, visionários e empresários de nossa época, descobrirá um surpreendente ponto em comum entre eles: muito antes de fazer fortuna, eles começaram a pagar dízimos.

Sir John Templeton é um ótimo exemplo desse padrão. Seguramente um dos maiores investidores do mundo e bilionário, Templeton é reconhecido hoje tanto por seus feitos filantrópicos quanto sua inteligência em investir. Mas Sir John não esperou até ficar rico para começar a pagar dízimos. Ele sempre foi um doador — mesmo quando mal conseguia pagar o aluguel.

Na época em que Templeton e sua mulher ganhavam apenas $50 por semana, eles Pagavam-se Primeiro 50% de sua renda — e ainda conseguiam pagar o dízimo. E ele ficou bilionário.

Humm... algo em que pensar?

CARIDADE NO BRASIL

Segundo as estatísticas, o brasileiro não é muito generoso. Os brasileiros que pagam imposto de renda desembolsam em média, 23 reais por ano em doações. Por um lado, devido a dificuldades financeiras e, por outro, por que não faz parte da cultura nacional levar a sério contribuições para obras de caridade. Podem dar uma ou outra esmola a um mendigo, mas, em geral, têm pouco interesse em ações consistentes de ajuda ao próximo.

Há uma grande distância entre a maioria das instituições e seus colaboradores potenciais, sejam empresas ou pessoas físicas. A falta de transparência na administração das entidades, a pouca divulgação dos resultados e a escassez de orientações sobre como doar de forma eficiente atrapalham ainda mais essa situação. É preciso encarar ao ato de caridade como um negócio, que envolve pesquisas prévias, definição de metas e acompanhamento dos resultados. Nesse caso, o que se mede não são os resultados financeiros, mas sim os benefícios efetivos que poderão ser alcançados com o auxílio de sua contribuição.

Assim, o chamado Terceiro Setor, o social, tende a se profissionalizar cada vez mais. A Harvard Business School, nos Estados Unidos, tem especializações voltadas para as questões sociais. A Fundação Getúlio Vargas possui uma cadeira específica sobre o assunto que orienta a administração de trabalhos voltados para a comunidade. A Faculdade de Economia e Administração da Universidade de São Paulo, USP, e a Pontifícia Universidade Católica, PUC, também contam com núcleo de estudos sobre o assunto.

Para não cometer erros, defina a área que gostaria de ajudar, a região em que está a entidade beneficiada e monte uma lista de entidades candidatas à doação. Consulte o site www.filantropia.org ou as entidades registradas nos conselhos Municipal e Estadual. O GIFE (Grupo de Instituições, Fundações e Empresas) também conta com uma página na internet (www.gife.org.br) que reúne institutos, fundações e empresas que têm projetos em filantropia. Se quiser ser voluntário e não souber por onde começar, na internet (www.voluntarios.com.br) há uma lista de mais de 4.850 entidades que precisam de seu trabalho.

Os benefícios financeiros de se fazer uma doação são irrisórios. Uma das exceções é a cultura. Qualquer pessoa pode ajudar o financiamento de um projeto cultural e ter esse valor deduzido até 6% (pessoa física) e 4% (pessoa jurídica). As doações ao fundo da Criança e do Adolescente também contam com benefício fiscal. O limite do imposto é de 6% para pessoa física e 1% para pessoa jurídica.

Fundos Patrimoniais Filantrópicos

Fundos Filantrópicos são fundos criados para receber doações destinadas a sustentar causas ou organizações específicas. Em geral, os recursos recebidos permanecem no fundo, em aplicações financeiras e apenas os rendimentos são periodicamente resgatados para custear todo ou parte do funcionamento ou incremento de organizações sociais, educacionais, de saúde, ambientais, culturais etc.

Um fundo patrimonial não é um fundo de investimento. O fundo patrimonial investirá em fundos de investimento disponíveis no mercado. Benefícios para quem doa, os Fundos Filantrópicos são a certeza de que seus recursos serão sempre destinados à causa ou organização escolhida. Para quem recebe, são a certeza de que poderá contar todos os anos com o rendimento do Fundo para cobrir custos fixos e/ou projetos.

Entre os fundos patrimoniais filantrópicos mais conhecidos no Brasil estão a Fundação Bradesco, o Itaú Social, a Associação Samaritano, a Fundação Volkswagen, a Fundação Banco do Brasil, entre outros.

ETAPAS DE AÇÃO DO AUTOMATICAMENTE MILIONÁRIO

Ao rever os passos que mostramos neste capítulo, aqui está o que você deve pensar em fazer para pagar o dízimo automático.

- ❑ Decida quanto de sua renda você quer doar à caridade.
- ❑ Escolha uma entidade beneficente que lhe agrada, em que confia e investigou.
- ❑ Automatize suas doações para serem pagas mensal ou quinzenalmente.
- ❑ Monitore suas doações para fins de imposto de renda.

CAPÍTULO NOVE

O ESQUEMA DO AUTOMATICAMENTE MILIONÁRIO

Desde a publicação do primeiro *Automaticamente Milionário*, tenho usado o "Esquema" e o diagrama da página 242 para ensinar centenas de milhares de pessoas a colocar suas vidas financeiras no piloto automático em menos de uma hora. Questionei se deveria adicionar este capítulo à Edição Atualizada porque achei que ele poderia mudar o fluxo do livro. Mas então decidi: eu colocaria o diagrama e o "Esquema" no final (onde você está agora) porque você precisa realmente tê-los. Acho que o diagrama tem poder suficiente para responder quaisquer perguntas finais que possa ter e inspirá-lo a agir, se ainda não o fez.

Assim, considere este capítulo a sua "folha de cola" para o estilo de vida do Automaticamente Milionário que está prestes a começar a levar. Ele também é um ótimo resumo do livro — que pode ser compartilhado com familiares e amigos que você sabe que não lerão o livro todo, mesmo que devam, certo?

Preparado? Ótimo — vamos fazer isso uma última vez!

AUTOMATIZE SEU PLANO EM MINUTOS

Neste livro, você aprendeu algumas coisas simples que precisa fazer este ano a fim de recolocar suas finanças nos trilhos. A maioria delas envolve tomar partes do que ganha e separá-las para fins específicos — disponibilizar um fundo de emergência, contribuir para um plano de aposentadoria, amortizar a hipoteca e o débito do cartão de crédito e assim por diante. Essas são estratégias atemporais, comprovadas e, reunidas, permitirão que você crie segurança e, por fim, liberdade financeira para toda a vida.

Se você seguir as etapas de ação deste livro — em conjunto com o diagrama da página 235 — realmente terá um plano financeiro infalível, fácil, do tipo "configure e esqueça" que, garanto, funcionará.

Você levará menos que uma hora para organizá-lo. Leia as etapas e siga o diagrama.

Vamos automatizar!

AUTOMATIZANDO EM MENOS DE UMA HORA

❏ **1. Pague-se primeiro automaticamente.**

No Capítulo Três, *Aprenda a Pagar-se Primeiro*, expliquei a importância fundamental de se pagar primeiro — deduzindo pelo menos 5% de seu salário e depositando-os diretamente em um plano 401(k), IRA ou conta de aposentadoria qualificada semelhante antes que o governo dê sua mordida com o imposto retido na fonte. O ideal é que essa dedução totalize 12,5% de sua renda (o equivalente a uma hora de trabalho diário). Contudo, qualquer que seja a porcentagem possível, o processo deve ser automatizado. A boa notícia é que a dedução na folha de pagamento é um procedimento padrão na maioria dos planos 401(k), de modo que, contanto que você esteja inscrito, suas contribuições serão deduzidas automaticamente de seu salário. Se você já tem um plano que oferece "aumentos automáticos", use-o se não puder passar a poupar mais dinheiro instantaneamente hoje.

Se você tem poupado de modo automático desde a primeira publicação deste livro, a correção da bolsa de valores de 2007–2009 deve ter-lhe dado uma ótima oportunidade de comprar ações com um enorme desconto. Enquanto outras pessoas entraram em pânico e tiraram seu dinheiro do mercado (vendendo a preço baixo), você investiria e compraria quando as ações estavam com seu melhor preço. Isso acontecerá outra vez e então, esqueça o plano de investimento automático e continue a comprar nos mercados "em liquidação".

Se você tiver direito a um plano 401(k) ou similar e, como resultado, usar um IRA para sua poupança de aposentadoria, terá que criar seu próprio programa automático "pague-se primeiro". Informe o banco ou a corretora onde você tem seu IRA que deseja criar um plano de investimento sistemático. Neste plano, o dinheiro é automaticamente transferido regularmente para o seu IRA de alguma outra fonte (como uma dedução na folha de pagamento). A maioria dos bancos e corretoras tratará de todos os arranjos para você, contatando o departamento de pessoal do empregador em seu nome e lidando com toda a documentação. (Se o seu empregador não oferecer dedução na folha de pagamento, é possível que sua contribuição para o plano de aposentadoria seja automaticamente transferida de sua conta-corrente para o IRA — de preferência, no dia seguinte à compensação de seu cheque de pagamento. Quase todos os bancos oferecem serviços gratuitos online para pagamento de contas que permitem programar pagamentos automáticos regulares de quantias específicas a quem você quiser.)

❑ **2. Deposite seu pagamento automaticamente.**

Caso seu empregador use um sistema de folha de pagamento informatizado, você poderá combinar com o departamento de pessoal ou de recursos humanos que seu salário seja automaticamente transferido para sua conta bancária. Isso é conhecido como depósito direto. Ele enviará o pagamento para a sua conta de imediato — e o poupa do trabalho de perder a hora do almoço a cada uma ou duas semanas esperando na fila do banco com um cheque. A propósito, isso é melhor do que receber um cheque e fazer depósitos via celular, pois é mais rápido e automático.

❑ **3. Abasteça sua conta de emergência para "dias chuvosos" automaticamente.**

No Capítulo Cinco, *Automatize para Dias Chuvosos*, expliquei a importância de manter um anteparo financeiro para emergências equivalente a, pelo menos, três meses de despesas em uma conta bancária garantida pela FDIC (não uma conta-corrente comum, mas separada, criada especialmente para esse fim). Até a conta para emergências estar totalmente formada, deposite pelo menos 5% de seu salário diretamente nela. Novamente, caso seu empregador não ofereça dedução na folha de pagamento, arranje para que seu banco transfira automaticamente o dinheiro de sua conta-corrente assim que seu cheque for compensado.

❏ 4. Abasteça sua conta dos sonhos automaticamente.

O que é uma conta dos sonhos? Este livro não fala sobre contas dos sonhos. (Meus dois livros anteriores, *Smart Women Finish Rich* e *Casais Inteligentes Ficam Ricos*, sim.) Mas é um conceito simples e você não precisa comprá-los para entendê-lo. A ideia básica é que é nessa conta dos sonhos que você poupa o dinheiro que pagará sua casa, seu carro, seu casamento, sua viagem ao Havaí, seu barco novo, o violão, as aulas de esqui, a escola de culinária — qualquer que seja o seu sonho. A maioria dos sonhos exige DINHEIRO e, como a maioria das pessoas não o tem, emprestam-no para realizar seu sonho (seja usando o cartão de crédito ou pedindo um verdadeiro empréstimo) ou nunca o realizam. De alguns modos, sua conta dos sonhos é a mais importante que terá, porque realizar sonhos é o que faz a vida realmente empolgante. Quanto ao fundo para emergências, use a dedução na folha de pagamento ou o serviço de pagamento de contas online do banco para transferir uma porcentagem do salário para a conta garantida pela FDIC aberta só para esse fim. Se faltam ao menos três anos para a realização de seu sonho, comece a investir dinheiro mais agressivamente. Os serviços da **Acorns.com**, que discuti no Capítulo Dois, *O Fator Latte*, e os fundos mútuos ou serviços de consultoria financeira que discuti no Capítulo Quatro, *Como Torná-lo Automático*, podem ajudá-lo nessa tarefa.

❏ 5. Pague os débitos do cartão de crédito automaticamente.

Ligue para as administradoras de cartão de crédito e peça para todos os débitos ocorrerem no mesmo dia do mês — de preferência, pelo menos cinco dias depois em que o salário costuma ser depositado para que você saiba que tem dinheiro na conta. (Se pedir, praticamente todas as administradoras de cartão de crédito trabalharão com você para mudar a data de vencimento.) Em seguida, use o serviço de pagamento de contas online do banco para fazer o pagamento mínimo de cada um dos cartões cinco dias antes do vencimento. (Caso seu banco não ofereça pagamento de contas online gratuito, pense em mudar para um que o faça.) Se quiser pagar mais que o mínimo em qualquer um dos cartões — e se seguir o plano que demonstro no Capítulo Sete, *O Estilo de Vida Livre de Dívidas Automático* — poderá preencher um cheque com esse valor adicional. Realizar o pagamento mínimo automaticamente garante que nunca perderá a data do vencimento e não terá que pagar multas ou juros por atraso.

❏ **6. Pague todas as contas mensais automaticamente.**

Há dois tipos de contas mensais: as fixas, cujo valor é sempre o mesmo (como hipoteca, aluguel, prestação do automóvel) e as cujo valor às vezes muda (como contas de telefone, TV a cabo e internet). Você pode automatizar o pagamento das contas fixas usando o serviço de pagamento de contas do banco online para colocá-las no débito automático todos os meses. E pode automatizar as variáveis fazendo com que sejam cobradas por um de seus cartões de crédito. Contanto que mantenha um saldo suficiente em sua conta-corrente e tenha o crédito necessário disponível nos cartões, nunca perderá nenhuma data de vencimento. Toda a minha vida financeira está automatizada dessa forma. Como resultado, todas as minhas contas sempre são pagas em dia, esteja eu na cidade ou não, e nunca me cobram multas ou taxas por atraso. Esta única dica pode lhe poupar centenas de dólares por ano em juros de mora que os bancos e administradoras de cartões de crédito esperam ganhar às suas custas.

❑ 7. Doe à caridade automaticamente.

Como discuti no Capítulo Oito, *Faça a Diferença com Dízimos Automáticos*, retribuir é parte essencial de ser Automaticamente Milionário e viver rico. Mas em vez de uma contribuição anual única (que você pode ou não conseguir fazer), arranje para doar automaticamente à instituição de sua escolha com uma série de pequenas contribuições regulares — por exemplo, algo entre 1% e 10% de cada salário. A maioria das instituições beneficentes ficará satisfeita em debitar seu cartão de crédito ou aceitar um débito automático de sua conta-corrente. Escolha uma instituição em que confia e torne-se um doador mensal. A instituição ficará feliz e você se sentirá bem em fazê-lo.

Agora a sua vida financeira está automatizada. Parabéns! Se não fizer mais nada a partir desse ponto, já está no caminho do sucesso. E, por fim, lembre-se de configurar um sistema online usando um site como o www.Mint.com para monitorar automaticamente onde todo seu dinheiro está sendo gasto e, ao mesmo tempo, ver seus investimentos crescerem e os débitos diminuírem também! No caso de ter esquecido ou ainda não ter feito isso, falo sobre o Mint.com na página 57.

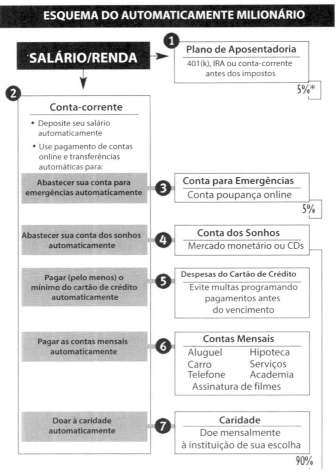

* Sua meta final deve ser poupar pelo menos 12,5% para aposentadoria, uma hora de sua renda diária.

CURSO GRATUITO EM VÍDEO – QUE ACOMPANHA O ESQUEMA

O esquema o fez pensar? Ótimo? E há mais para você. Criei um vídeo para acompanhar este diagrama. Vá até **finishrich.com/blue** [conteúdo em inglês]. Assista ao vídeo de graça (é supersimples e curto) e é acompanhado por uma versão em PDF da tabela desta página. Não há necessidade de e-mail de opt-in. Se gostar dele e quiser que lhe forneçamos mais informações, sempre poderá inscrever-se em nosso site. E não deixe de dizer se isso o ajudou!

PALAVRAS FINAIS

SUA JORNADA COMEÇA HOJE!

Se é tão fácil tornar-se Automaticamente Milionário, por que mais pessoas não o são? A resposta é a natureza humana: a maioria das pessoas simplesmente não faz o que sabem que deve fazer.

A maioria das pessoas quer alcançar uma boa situação financeira, mas nunca acha o tempo ou a energia para se preparar para o sucesso. Elas ouvem sobre programas como este, mas inventam motivos para ignorá-los. Parece fácil demais para ser verdade, dizem. *Tornar-se Automaticamente Milionário? Ah, tá!* Ou, pior, compram um livro como este, se entusiasmam, mas não aplicam seus novos conhecimentos.

Não seja uma dessas pessoas. Lembre-se de que você já fez algo incrível e agora está pronto para mudar seu futuro para sempre. Você agiu ao comprar e ler este livro. É possível que já tenha começado a tomar medidas em relação às ideias que aprendeu sobre lidar com dinheiro e Pagar-se Primeiro e Automatizar o Processo. Nesse caso, ótimo! Se ainda não começou, agora é a hora.

Não espere. O programa do Automaticamente Milionário se baseia em princípios simples que funcionam. Não são difíceis de implementar. **Você só precisa começar.**

Volte e releia os capítulos que mais os inspiraram. Talvez, como eu, você ache que a história dos McIntyres o afetou, deixando-o com a sensação de, "Se eles podem, eu também posso". (E, a propósito, você está certo em acreditar nisso.)

Talvez você esteja curioso em descobrir qual é o seu Fator Latte. Ao ouvir muitos leitores de meu livro anterior, sei que esse pequeno e simples conceito mudou milhares de vidas. Mudará a sua? A forma mais rápida de descobrir é voltar à página 55 e anotar as suas despesas do dia. Veja o que acontece quando fizer isso e o quanto ficará motivado para Pagar-se Primeiro.

Talvez você tenha adorado a ideia de abrir caminho para chegar na frente do governo e Pagar-se Primeiro. Então, por que esperar? Amanhã, inscreva-se na conta de aposentadoria da empresa ou abra um IRA em um banco ou corretora. E **Torne-a Automática**, para não precisar fazer mais nada para que o dinheiro entre. Lembre-se — quando você automatiza seu programa de poupança, não precisa de disciplina nem de tempo. Você estará Pagando-se Primeiro AUTOMATICAMENTE.

Talvez você tenha se impressionado com a ausência de preocupação em sua vida se tiver uma conta para dias chuvosos que se custeasse automaticamente. Não importa sua situação, é muito mais fácil aproveitar a vida quando se sabe que tem o equivalente a vários meses de despesas no banco. Se isso lhe parece atraente, use os passos do Capítulo Cinco para se tornar uma das raras pessoas que realmente tem um anteparo financeiro onde se proteger no caso de uma emergência.

Talvez você seja um inquilino que ficou encorajado pelo Capítulo Seis a se tornar proprietário. O fato é que você não se tornará Automaticamente Milionário se não for dono de sua casa. E agora você sabe como se tornar proprietário de um imóvel sem débitos automaticamente!

Talvez você esteja afundado em dívidas e se motivou a adotar um estilo de vida livre de dívidas automático descrito no Capítulo Sete. Ele realmente pode ajudá-lo... se você agir.

Ou talvez você tenha ficado inspirado pela ideia de retribuir. Afinal, a riqueza não é só uma questão de dinheiro; é um meio de vida. Quanto mais compartilha, mais recebe de volta. É melhor exagerar dando mais do que acha que pode dar e ver quanta abundância volta para você.

No final, qualquer que tenha sido o trecho do Automaticamente Milionário que mais o atraiu, há uma questão em que você deve se concentrar: Por que não? Por que não aplicar o que aprendeu neste livro? Por que não automatizar todos os aspectos financeiros de sua vida? Se não gostar dos resultados, sempre poderá retornar ao sistema antigo, seja ele qual for.

É claro que acho que você não vai retornar. Acho que quando colocar o processo do Automaticamente Milionário para funcionar, ficará satisfeito em deixar que ele continue a fazer isso enquanto você prossegue com sua vida, sem estresses por causa de dinheiro ou segurança financeira. Quando se der conta, o seu futuro será melhor. Em vez de se preocupar com dinheiro, você estará a caminho de se tornar Automaticamente Milionário. Talvez dê um passo além e ensine seus amigos a serem Automaticamente Milionários para acompanhá-lo nessa jornada.

Imagine sua vida daqui a cinco anos com dinheiro no banco, sem dívidas, uma casa própria e um plano que lhe permitirá ficar rico e dar de volta algo para ajudar os outros. Imagine ser acompanhado nessa jornada por quem você ama. Isso será fantástico!

Enquanto você segue os passos de Jim e Sue McIntyre e todos os outros Automaticamente Milionários que tive a sorte de conhecer, quero que saiba que meus pensamentos e orações estarão com você. Sei que é uma pessoa especial com sonhos e dons únicos. Sei que merece vê-los se tornar realidade. Eu sei que você consegue.

Se este livro o tocou, gostaria de ouvir notícias suas. Por favor, conte-me seu sucesso, seus desafios e inspirações por e-mail em success@finishrich.com. Até nos encontrarmos de novo, aprecie a sua vida e sua jornada. Que ela seja ótima.

INSPIRE-SE!

HISTÓRIAS DE
SUCESSO DE
AUTOMATICAMENTE
MILIONÁRIOS

Parabéns! Agora você já está no caminho de se tornar Automaticamente Milionário. Ou, talvez, você tenha se antecipado e está lendo este capítulo primeiro? Seja como for, estou ansioso em lhe contar estas histórias. Desde 2003, quando *Automaticamente Milionário* foi publicado, recebi milhares de e-mails e cartas de pessoas que leram o livro e se inspiraram em fazer mudanças reais em sua vida financeira. Foi fácil para elas? Leia suas histórias e descubra. Enquanto lê, espero que sinta no íntimo,

Se elas conseguem, eu também consigo. Por que é verdade. Você pode fazer ainda mais!

Espero que estas histórias reais de sucesso o inspirem a agir em relação à sua vida. Conte-me o que aconteceu. São relatos como o seu que me estimulam a fazer o que faço. Eu adoraria incluir sua história em um futuro livro. Para contá-la para nós, vá até www.finishrich.com [conteúdo em inglês] ou diretamente para www.finishrich.com/success [conteúdo em inglês].

Caro David,

Automaticamente Milionário chamou minha atenção em uma livraria em julho passado, enquanto fazia compras com minha família. Li alguns capítulos enquanto eles exploravam a loja e tudo fez muito sentido. Fui para casa, deixando o livro reservado, mas não consegui esperar e voltei para comprá-lo.

Quando analiso os resultados, fico orgulhosa. Em julho comecei um fundo de emergência que está com $1.800 e recebe um depósito automático semanal de $50. Aumentei a contribuição ao plano 401(k) de 4% para 15% e o de meu marido de 5% para 15%. Coloquei quase todas as contas em débito automático e faço pagamentos adicionais para a hipoteca da casa.

Tenho muito orgulho por ter convencido três colegas de trabalho a aderir ao plano 401(k). A empresa paga parte da contribuição há anos, mas eles nunca tinham decidido participar.

Eu realmente admiro pessoas que foram bem-sucedidas sem sacrificar seus valores. Você ajudou muita gente, David, e quis escrever para agradecer.

Kim Wright
Phoenix, AZ

Histórias de Sucesso de Automaticamente Milionários | **249**

Caro David,

Eu li *Automaticamente Milionário* duas vezes depois que vi você no programa da *Oprah* e comecei a aplicar os princípios às minhas finanças. Descobri como controlar a "mulher exigente interior" fazendo compras de modo mais metódico do que emocional.

Tenho 48 anos e não trabalho fora. Meu marido, com 44, provê o sustento da casa. Decidi Pagar-me Primeiro e comecei com $1.500 por mês *mais* 30% do salário de meu marido. (A empresa em que ele trabalha não oferece um plano 401(k), então os recursos são pagos com dedução de impostos.) *Em cerca de seis meses, consegui poupar mais que $30 mil!* E por causa dessa poupança, pude ajudar minha mãe, que está com câncer terminal no pulmão, a pagar algumas de suas contas médicas e evitar ser obrigada a vender todos nossos bens. Além disso, conseguimos depositar o máximo em nossos IRAs em 2005 e não temos débitos no cartão de crédito. Não temos nenhum pagamento mensal, fora a hipoteca da casa.

Fico muito satisfeita em ver livros como *Automaticamente Milionário* e *Start Late, Finish Rich* escritos em formato tão fácil de ler e entender. *Ao aplicar esses princípios em nossas finanças, sinto a magia da paz de espírito, sabendo que estou fazendo tudo que posso para nos aposentarmos ricos.*

Anna Hoffman
Deer River, MN

Caro David,

Você é a melhor coisa que me aconteceu! Minha vida vinha sendo consumida por débitos no cartão de crédito há quase seis anos. Eu me divorciei em 1999 e me tornei mãe solo com uma renda de $35 mil. Fiz um acordo que me prendeu a uma dívida de $40 mil no cartão de crédito e o financiamento de $8 mil para a compra de um carro apenas para evitar maiores despesas legais. Todos me diziam para entrar com pedido de falência, mas estou feliz por não tê-lo feito.

Bem, quando o vi no programa da *Oprah*, mal acreditei no que estava ouvindo. As pessoas que o acompanharam no programa me mostraram que eu não era a única com dívidas. Fui até uma livraria e comprei *Automaticamente Milionário*. Só o larguei para dormir algumas horas naquela noite. Eu o terminei no dia seguinte. Eu me senti renovada e sabia que podia fazer isso. Foi fácil compreender tudo.

Preparei a planilha para o meu Fator Latte para a semana, criei um cronograma DOLP e liguei para reduzir minhas taxas de juros. Para começar, senti-me bem por trabalhar pela meta de eliminar débitos no cartão de crédito e me dediquei ao processo com entusiasmo. Eu venci! *Em 29 de junho de 2005, oficialmente paguei a última fatura do cartão de crédito e, feliz, liguei para a administradora para cancelarem minha conta. Cortei o cartão em dezenas de pedaços e dancei chorando de alegria!* Pareceu levar uma eternidade, mas consegui! Sim! Senti-me como se tivesse perdido 50 quilos. Também estou orgulhosa em dizer que abri uma conta na ING Direct, de que nunca tinha ouvido falar até ler seu livro e estou poupando automaticamente uma pequena quantia de meu salário por semana. E abri uma conta de aposentadoria no trabalho na qual depositava 7%, mas recebemos um aumento de 3% e passei a depositar 10%! Estou adorando!

David, você me deu presentes que nunca imaginei ganhar. Atingi uma meta incrível e recuperei a alegria, o controle sobre minha vida, e o poder e a determinação dentro de mim. Ser mãe solo com todas essas boas qualidades ajudará minha filha a também obter grandes conquistas. Assim, você beneficiou a ambas.

Muito obrigada, e que Deus o abençoe!

Theresa K.
Long Branch, NJ

Caro David,

Ler seu livro *Automaticamente Milionário* mudou meu futuro financeiro. Li muitos outros livros sobre finanças pessoais, mas nenhum deles me motivou a começar a planejar o futuro. Imediatamente, abri uma conta

Histórias de Sucesso de Automaticamente Milionários | 251

no mercado monetário para criar um fundo para emergências (o que não tínhamos antes). Abrimos IRAs e contribuímos com o máximo. Aumentamos as contribuições para o 401(k) de meu marido ao máximo e estamos pagando $1 mil a mais em nossa hipoteca todos os meses!

Apesar de eu não trabalhar fora, sinto que contribuí muito para nossa aposentadoria porque, antes de ler seu livro, não fazíamos nenhuma dessas coisas. Estou muito satisfeita por estarmos no caminho certo. Tenho certeza de que estaremos milionários aos 50 anos. Falo sobre seu livro a todos os amigos e parentes e o comprei para presentear alguns amigos. Fiquei entusiasmada por você ter escrito *Start Late, Finish Rich*. Eu o comprei para minha mãe e ela adorou!

Amanda Salgado
Cotesville, PA

Caro David,

Estamos nos sentindo ÓTIMOS depois de ler *Automaticamente Milionário*. Apesar de termos três filhos com necessidades especiais e as muitas contas que os acompanham, começamos o processo de dedução automática há dez anos com o plano 401(k) do meu marido. Você realmente não sente falta do que não vê. *A dedução automática cresceu de zero a mais de $126 mil* apesar de termos reduzido a porcentagem para corresponder às nossas necessidades financeiras em certos momentos. Mesmo tendo caído para 2% em alguns anos, voltamos à faixa de 18%.

Tenho dois empregos de meio período. $250 são debitados automaticamente toda semana para uma conta no mercado monetário para cobrir nossas contribuições do ROTH IRA. Outros $1.200 são automaticamente debitados e divididos em contas 529* para nossos dois filhos. O resto de meu salário vai para o fundo de emergência, que está com mais que $20 mil — o equivalente a 5 meses de despesas! Outros $50 vão automaticamente para um clube de férias. Também fazemos um pagamento adicional por ano na hipoteca.

---

* Os "529 Plans", como são conhecidos nos EUA, são modelos de poupança voltados para o custeamento da Educação Superior no país. [N. da T.]

Agora estou pensando em colocar dinheiro de meu segundo emprego em um SEP IRA ou o novo 401(k) individual. *Como você disse, a única forma de fazê-lo é automatizando o processo. Durante anos, fomos disciplinados, mas não comprometidos. Agora, nos acostumamos.* Vivemos com conforto abaixo de nossas possibilidades, pois sabemos que nosso futuro está garantido! Nada mal para uma família que enfrenta tantos desafios.

Marie Louise Kier
Chester Springs, PA

Caro David,

Faz pouco tempo que acabei de ler seu livro *Automaticamente Milionário*. Eu só quero agradecer por inspirar minha mulher e a mim a agir imediatamente para poupar e planejar nosso futuro. O mérito de comprar o livro é dela. Como temos apenas 25 e 26 anos, *acredito que estaremos perto da aposentadoria como os McIntyres no livro.*

Em resumo… Poupamos e compramos nossa primeira casa em novembro de 2002 e somos orgulhosos proprietários desde então. Comecei meu plano 401(k) no emprego há um ano e agora tenho mais que $7 mil e minha mulher começou o dela recentemente. Há pouco tempo também aumentei minha contribuição de 5% para 8%. Tudo que fazemos é automático.

Com o patrimônio conquistado com a casa, pedimos um empréstimo dando a casa como garantia e saldamos todos nossos débitos do cartão de crédito, empréstimos com juros elevados para compra do carro e cartões de lojas — permitindo que economizássemos muito dinheiro todos os meses. Fechamos essas contas e prometemos dizer não quando nos sugerem um desses cartões. Se não temos dinheiro vivo, é obvio que não precisamos do item de imediato.

Também abrimos uma conta poupança onde nos pagamos atualmente $75 por semana. Estamos determinados a não tocar nesse dinheiro. Também temos uma conta poupança em nosso banco como uma reserva para emergências... e conseguimos poupar cerca de dois meses de despesas. Infelizmente, o titular de nossa hipoteca não recebe pagamentos quinzenais; porém, aceitei seu conselho e adiciono 10% a cada pagamento.

Assim, estamos seguindo os exemplos de seu livro e aumentaremos a contribuição aos nossos planos 401(k) quando nos acostumarmos a viver com menos. Também retribuímos o que recebemos doando uma parte do salário para entidades beneficentes. Minha mulher e eu queremos agradecer por nos ter inspirado e esperamos algum dia ser como os McIntyres e nos aposentar cedo.

Rick e Ann Longstreet
Hamilton, NJ

Caro David,

Depois de ficar atenta ao Fator Latte por três dias seguidos, concluí que não gasto dinheiro desnecessário nas despesas diárias. Não tomo café; levo meu almoço para o trabalho há uns dez anos. Mas percebi que quando vou ao mercado ou a uma loja, compro uma série de coisas desnecessárias. *Peguei os recibos de um mês e descobri mais de $600 em coisas de que realmente não precisava ou de que não sentiria falta se não as tivesse comprado.* Isso permitiu que eu abrisse uma conta ING e aumentasse a contribuição ao meu 401(k), e amortizasse meus débitos.

Ler seu livro me deu energia para fixar metas e ver o futuro com clareza e não estou mais estressada com minhas finanças como antes. Talvez demore para atingir meu objetivo, mas não desistirei até chegar lá.

Renee Frawley
Rowlett, TX

254 | Automaticamente Milionário

Caro David,

Preciso lhe dizer que não gosto de ler, mas não consegui largar *Automaticamente Milionário*. Descobri meu Fator Latte; são bilhetes de loteria. Gasto $9 duas vezes por semana. Isso soma $72 por mês, $864 por ano e venho fazendo isso há dez anos — ou seja, são perto de $8.640. E quanto recebi de volta? Talvez menos que $200.

Também tenho economizado. Há dois anos e meio aderi a um plano 403(b) no trabalho. Contribuo com 15% de cada pagamento e a empresa entra com 3%. Até agora, poupei $24 mil e também debito $100 de cada pagamento para compra de títulos de poupança. *Achei que isso seria difícil, mas, francamente, não sinto falta do dinheiro e sei que se o tivesse, o teria gastado.*

Neste final de semana vou verificar se tenho mais algum Fator Latte. Meu marido os tem e, puxa, teremos uma bela conversa! Isso tem sido inspirador! Obrigada!

Diane Jodzio-Willson
Longmont, CO

Caro David,

Eu o vi na televisão há algumas semanas e logo comprei seu livro. Comprei uma segunda casa há três anos e, por causa do livro, passei a um sistema automático de pagamentos quinzenais da hipoteca que reduzirá em sete anos sua duração e me poupará mais de $100mil. Obrigado por seus maravilhosos conselhos.

Bruce Miller
Austin, TX

Histórias de Sucesso de Automaticamente Milionários | 255

Caro David,

Só quero um minuto para lhe dizer o quanto gostei de seu livro, *Automaticamente Milionário*. Nunca me interessei por finanças, investimentos, poupança ou planejamento para a aposentadoria. Na verdade, eu achava que pessoas que ligam para questões de dinheiro são autoindulgentes, avarentas e superficiais.

Entretanto, faltam apenas alguns anos para o meu 50º aniversário (!) e a "aposentadoria" tem realmente tomado conta de meus pensamentos. Eu o vi no programa *Today* e *Automaticamente Milionário* me pareceu tão fácil que talvez até eu pudesse ser um. Algumas semanas depois vi o livro e o comprei. Foi uma leitura fácil e informativa... e surpreendentemente encorajadora!

Em poucas semanas, abri uma conta ING Direct com débitos automáticos da folha de pagamento, aumentei a porcentagem do fundo de aposentadoria em que o empregador contribui com uma parcela e progredi bastante em amortizar a dívida do cartão de crédito (agora em $1.200, e diminuindo depressa). *Estou empolgado por começar essa aventura — obrigado!*

Tom Mantoni
Eaton, PA

Caro David,

Em meu nome e no de minha futura mulher, quero agradecer-lhe por tornar minha vida automática. Meu pai vem tentado me ensinar sobre dinheiro há anos, mas sempre achei que era muito complicado ou que minha renda não era suficiente para fazer a diferença. Eu nem desconfiava que era tão fácil. Eu já tinha lido boa parte de *Automaticamente Milionário* quando fiquei tão impressionado com o "Quantas horas por dia você trabalha para si MESMO?" que literalmente me levantei, fui até o computador e aumentei minha contribuição ao plano 401(k) de 4% a 15%! Ao mesmo tempo, configurei um débito adicional para a minha conta poupança. Minha noiva e eu levamos o mesmo estilo de vida de antes. Entretanto, nossa vida é mais rica ao sabermos que haverá um pote de ouro esperando por nós na aposentadoria. Também pretendemos comprar nossa primeira casa no ano que vem e isso é muito mais fácil por sabermos que o dinheiro está lá esperando por nós. *Automaticamente Milionário* deveria ser leitura obrigatória para alunos do ensino médio e das faculdades em todo o país. As informações são boas demais para serem ignoradas e funcionam como uma fórmula química. Do fundo do coração… obrigado. Você mudou a minha vida.

Chris Kesler
Austin, TX

Caro David,

Muito obrigado por ter escrito *Automaticamente Milionário*. Eu o comprei ontem e NÃO consegui largá-lo. Na verdade, terminei de lê-lo agora e foi uma das coisas mais incríveis que já li na vida. Minha mulher e eu temos bons salários, mas sempre encontramos desculpas para gastar dinheiro. Como Auditor Independente e Planejador Financeiro, tenho implorado para que ela comece a poupar, mas na hora do vamos ver, NÓS DOIS encontramos desculpas para não economizar.

Possuímos uma casa e contribuímos para planos 401(k), então não é um pesadelo total — mas eu sempre soube que poderíamos fazer MUITO mais. *Eu SEI que agora é hora de começar a poupar e com seu programa isso deve ser muito fácil.* Vou fazê-la ler o livro hoje à noite porque ele já mudou a minha vida em termos de como encaro nossas finanças e sei que pode mudar a dela também!

Muito obrigado por escrever este livro — espero sugerir sua leitura a todos os meus clientes de planejamento financeiro. Eu o recomendarei sempre que encontrar com um cliente. Um abraço!

Patrick Price
Oakland, CA

Caro David,

Seus livros (*Casais Inteligentes... e Automaticamente Milionário*) mudaram minha vida para sempre. Nunca mais serei o mesmo que era antes de lê-los. *Graças ao seu simples plano "por que não pensei nisso antes?", minha família se aposentará rica.* Somos uma jovem família de militares e seguimos com a estratégia que você descreve de forma clara e simples. Felizmente, eu o encontrei bem a tempo.

Estou tão empolgada com o tema de finanças que me ofereci para ensinar outras pessoas na igreja a "lidar com dinheiro" e sempre levo seus livros como leitura recomendada. Falo a todos meus amigos e parentes sobre o que aprendi neles e espero que algum dia eles fiquem tão entusiasmados quanto eu. E os livros também são um ótimo presente!

Obrigada milhões de vezes por me ensinar a ser uma milionária quando me aposentar. VOCÊ É DEMAIS!

Sonja Yearsley
Pasco, WA

Caro David,

Meu nome é Kat, e irei para o último ano do ensino médio na Mercy High School em Baltimore, Maryland. Terei aulas de micro e macroeconomia neste outono. A leitura para as aulas incluiu seu livro, *Automaticamente Milionário*.

Entre os oito livros ridiculamente tediosos e o seu (que não é tedioso) que preciso ler antes do início do semestre, decidi ler o seu primeiro porque, mesmo aos 17 anos, tenho uma paixão pelo dinheiro que provoca ciúmes no meu namorado. Terminei de lê-lo hoje e ele é, sem dúvida, a leitura mais proveitosa de minha vida. Os aspectos mais básicos e necessários da vida em uma sociedade de consumo nunca são ensinados na escola. *A maioria dos adolescentes que conheço se intimida com questões de dinheiro porque tem a impressão de que são muito complicadas.*

Assim, eles ficam presos em um ciclo de, como você diz, viver de um salário a outro. Meus pais trabalharam a vida toda, mas estão quase com 60 anos e acabaram de refinanciar a hipoteca, estendendo os pagamentos por mais 10 anos. Na mesa do jantar, eu os "eduquei" sobre tudo que estava aprendendo em seu livro e meu pai ficou tão interessado que será o próximo da fila a lê-lo.

Este livro realmente me ofereceu uma direção clara para o meu futuro financeiro. Começarei cedo e espero me tornar uma Milionária Automática. Voltarei a falar com você daqui a alguns anos. Quero cuidar de meus pais como eles cuidaram de mim, e esse será meu incentivo para ser bem-sucedida com seu plano. Assim, eu lhe agradeço por compartilhar sua experiência com a América; precisamos desesperadamente de conselhos financeiros honestos e simples. Vou ler *Smart Women Finish Rich...* depois que ler os outros oito livros exigidos para o curso. Contudo, não acho que esses autores receberão uma carta de agradecimento minha.

Espero ansiosamente me aposentar como milionária!

Mais uma vez, obrigada,

Kat Harrington
Baltimore, MD

ÍNDICE

A

acidentes acontecem, 148

aconselhamento de crédito, 209

ameaça de pobreza, 33

aposentadoria, 15

    no Brasil, 117

        fundos de pensão, 119

            instituições, 120

        previdência privada, 118

            PGBL, 118

            VGBL, 119

autodisciplina, 24

Automatizar o Sistema, 85

B

benefícios fiscais, 92

bolha imobiliária, 175

C

caminhos para a riqueza, 67

    Casamento, 68

    Herança, 68

    Loteria, 67

    Orçamento, 68

    Pague-se primeiro, 69

        fórmula, 81

        valor, 73

    Processo Judicial, 68

Caridade no Brasil, 232

Fundos Filantrópicos, 234

cartão de crédito, 203

    limite, 203

    solução mágica, 208

    valor mínimo, 205

casa própria, 169

    Alavancagem, 173

    Incentivos Fiscais, 174

    no Brasil, 198

        Consórcio, 200

        Financiamento de até 90%, 199

        Totalmente Financiado, 198

    OPM

        other people's money, 174

    Orgulho de Proprietário, 174

    Ótimo Investimento, 175

    Poupança Compulsória, 172

chega de dívidas

    operação, 209

        automatize, 217

        DOLP, 214

        negocie taxas de juros, 210

        pare de cavar, 210

competição feroz, 33

comprar usados, 23

conquistar fortuna real, 64

conta de aposentadoria, 78

    autodirigidas, 89

cronograma de amortização, 189
cupons de desconto, 68

D

declarações de renda, 14
dedução automática, 27
desperdiçar dinheiro, 21
Dinheiro não é tudo, 220
dívidas no cartão de crédito, 23
Dízimos Automáticos, 219
durma bem à noite
    teste, 146

E

escudo financeiro, 148
esperar nunca funciona, 70
estar no controle, 66
estilo de vida, 21
exercícios de autocontrole, 210

F

faça o dinheiro trabalhar, 155
Fator Latte, 21, 31
    Desafio do, 55
    tabela, 44
fazer um orçamento, 19
fluxo do dinheiro, 73
folha de pagamento
    dedução na, 121
    desconto, 26
    gestão de, 128
força de vontade, 24
fundos
    de alocação de bens, 133
    de estágio de vida, 133

equilibrado, 133
mútuos, 27
para a faculdade, 85

G

gastos
    desnecessários, 24
    hábitos de, 21
Grande Depressão, 204

H

Histórias de Sucesso, 247
    McIntyres, 14

I

imóvel para locação, 22
incentivos fiscais, 103
investimentos
    combinação de, 129
    com impostos diferidos, 90
    -padrão, 129
      de crescimento, 129
        agressivos, 129
      dinheiro, 129
      renda mensal & crescimento, 129
      títulos, 129
    Pirâmide de, 130
    plano sistemático, 121
    portfólio diversificado, 129
    supersimples, 133
invista com sensatez, 128

J

juros compostos, 54
    milagre dos, 103

Índice | 261

L

liberdade financeira, 48

M

medo da falência, 147

mercado

    de ações desfavorável

        fase, 131

    monetário, 153

mudança

    financeira, 83

    inesperadas, 146

O

orçamento

    jogue fora o, 64

    realista, 65

P

pagamento de contas online, 123

pagar à vista, 23

pague-se primeiro, 19

parecer rico, 17

patrimônio líquido, 27

plano

    de investimento

        automáticos, 49

    de pagamentos quinzenais, 187

    para Pagar o Dízimo, 224

        acompanhe, 228

        automatize, 225

        comprometa-se, 224

        pesquise

            a entidade, 225

            fundos mútuos, 229

porcentagens de renda, 77

prazer em doar, 223

preocupação com dinheiro, 28

preparar-se para o sucesso, 28

privações, 65

programas

    de títulos individuais, 179

    sistemáticos, 26

progredir financeiramente, 21

R

reserva para emergências, 85

    três regras, 149

riqueza real, 35

S

score de crédito, 209

setor econômico

    crises, 131

sim, mas, 48

T

tentações, 25

títulos de poupança, 163

    de Inflação

        I-Bonds, 164

    Patriotas

        EE Bonds, 165

trabalhe para si mesmo, 78

transferência automática, 27

U

usufruir a jornada, 219

Projetos corporativos e edições personalizadas
dentro da sua estratégia de negócio. Já pensou nisso?

Coordenação de Eventos
Viviane Paiva
viviane@altabooks.com.br

Contato Comercial
vendas.corporativas@altabooks.com.br

A Alta Books tem criado experiências incríveis no meio corporativo. Com a crescente implementação da educação corporativa nas empresas, o livro entra como uma importante fonte de conhecimento. Com atendimento personalizado, conseguimos identificar as principais necessidades, e criar uma seleção de livros que podem ser utilizados de diversas maneiras, como por exemplo, para fortalecer relacionamento com suas equipes/ seus clientes. Você já utilizou o livro para alguma ação estratégica na sua empresa?

Entre em contato com nosso time para entender melhor as possibilidades de personalização e incentivo ao desenvolvimento pessoal e profissional.

PUBLIQUE SEU LIVRO

Publique seu livro com a Alta Books. Para mais informações envie um e-mail para: autoria@altabooks.com.br

 /altabooks /alta-books /altabooks /altabooks

CONHEÇA OUTROS LIVROS DA **ALTA LIFE**

Todas as imagens são meramente ilustrativas.